A Lei da
Atração

Michael J. Losier

PEÇA

ACREDITE

E RECEBA

A LEI DA ATRAÇÃO

O *Segredo*, de Rhonda Byrne, colocado em prática

Tradução
Janaína Senna

LeYa

Título original: *Law of Attraction: The Science of Attracting More of What You Want and Less of What You Don't*

Revisão: Maria Clara Jeronimo
Diagramação de miolo: Futura
Design de capa: Leandro Dittz

Cip-Brasil. Catalogação-na-fonte
Sindicato Nacional dos Editores de Livros, RJ.

L886L
1. ed. Losier, Michael J., 1962-
A Lei da Atração/Michael J. Losier; tradução Janaína Senna. - 1. ed. - São Paulo: LeYa Brasil, 2017.
192 p.: il. ; 21 cm.

Tradução de: Law of attraction
ISBN 978-85-441-0635-8
1. Autorrealização (Psicologia). 2. Sucesso – Aspectos psicológicos. 3. Lei da Atração – Comportamento. 4. Felicidade. I. Senna, Janaína. II. Título.

17-45092 CDD: 158
CDU: 159.947

LeYa Brasil é um selo editorial da empresa Casa dos Mundos.

Rua Frei Caneca, 91 | sala 11 – Consolação
01307-001 – São Paulo – SP
www.leyabrasil.com.br

Sumário

O QUE ESTÃO DIZENDO SOBRE ESTE LIVRO 9
BREVE HISTÓRIA DA LEI DA ATRAÇÃO 15
O QUE TORNA ESTE LIVRO DIFERENTE? 19
VOCÊ JÁ ESTÁ VIVENCIANDO A LEI DA ATRAÇÃO 23
A CIÊNCIA DA LEI DA ATRAÇÃO 27
REFERÊNCIAS À LEI DA ATRAÇÃO 31
VIBRAÇÕES POSITIVAS E NEGATIVAS 37
ATRAÇÃO INCONSCIENTE 43
OBSERVAR EMITE VIBRAÇÕES 47
ENTENDENDO O SIGNIFICADO DAS SUAS PALAVRAS 49
PALAVRAS, PALAVRAS, PALAVRAS 51
POR QUE SE DÁ TAMANHA ÊNFASE ÀS PALAVRAS 51
PALAVRAS QUE O FAZEM ATRAIR O QUE VOCÊ NÃO QUER 52
PERGUNTANDO A SI MESMO: "ENTÃO, O QUE EU REALMENTE QUERO?" 55
REPROGRAMANDO SUA VIBRAÇÃO 58
A FÓRMULA DOS TRÊS PASSOS PARA A ATRAÇÃO CONSCIENTE 61
PRIMEIRO PASSO: IDENTIFIQUE O SEU DESEJO (PEÇA) 63
SEGUNDO PASSO: DÊ ATENÇÃO AO SEU DESEJO (ACREDITE) 63
TERCEIRO PASSO: PERMITA (RECEBA) 63

PRIMEIRO PASSO: IDENTIFIQUE O SEU DESEJO (PEÇA) 65
O QUE É A OPOSIÇÃO? 67
A OPOSIÇÃO PODE AJUDAR? 67
POR QUE É IMPORTANTE IDENTIFICAR A OPOSIÇÃO? 70
O QUANTO ANTES MELHOR 72
A SUA META É LIMITAR A OPOSIÇÃO EM TODAS AS ÁREAS DA SUA VIDA 73

O processo para obter Clareza através da Oposição 75
Estudos de caso 75
Janice: aplicando a Lei da Atração aos relacionamentos 76
Greg: aplicando a Lei da Atração à situação financeira 79
Faça o exercício para obter Clareza através da Oposição 83
Encerrando o Primeiro Passo: Identifique o seu desejo (Peça) 85

Segundo Passo: Dê atenção ao seu desejo (Acredite) 87
Dar atenção aumenta a vibração 89
O que estou incluindo em meu Campo Vibracional? 90
Os seus desejos estão dentro ou fora de seu Campo Vibracional? 90
Estou incluindo tal coisa em meu Campo Vibracional? Ou estou excluindo tal coisa de meu Campo Vibracional? 91
Duas ferramentas para intensificar sua vibração e alimentar o seu desejo 96
Por que a utilização das afirmações pode não aumentar sua vibração? 97
Ferramenta 1: Reformulando suas afirmações para que elas sejam verdadeiras para você 99
Ferramenta 2: A ferramenta de Afirmação do Desejo 102
Como criar uma Afirmação do Desejo 103
Afirmação do Desejo de Janice: Meu relacionamento ideal 107
Afirmação do Desejo de Greg: Minha situação financeira ideal 110
Como criar a sua Afirmação do Desejo 111
Como saber se estou fazendo tudo certo? 112
Encerrando o Segundo Passo: Dê atenção ao seu desejo (Acredite) 113

Terceiro Passo: Permita que ele se realize (Receba) **115**

É tudo uma questão de permitir 117

O jogo do Permitir 120

O poder do permitir 121

De onde vem a dúvida? 124

O que é uma crença limitadora? 124

Como identificar suas crenças limitadoras? 124

Uma ferramenta que vai ajudá-lo a Permitir 127

Duas formas de saber que você Permitiu 127

Fórmula para criar Afirmações que Permitem 128

Como criar sua própria Afirmação que Permite 132

Mais ferramentas para ajudá-lo a Permitir 136

Encerrando o Terceiro Passo: Permitir (Receba) 157

Indo além da fórmula dos Três Passos **159**

Viva com abundância e atraia mais dinheiro 161

Ferramentas para incluir a vibração da abundância em seu Campo Vibracional 164

Encerrando este tópico: Viver com abundância e atrair mais dinheiro 167

Relacionamentos e a sua vibração 168

A "Maria Negativa" 169

Como manter a sua vibração positiva 172

Atraindo seu relacionamento ideal 173

Sugestões para atrair seu relacionamento ideal 176

Encerrando este tópico: Relacionamentos e a sua vibração 177

Pais e professores: aprendam como ensinar a Lei da Atração às crianças 178

Três sugestões para ensinar a Lei da Atração às crianças 178

Ferramentas para ensinar a Lei da Atração às crianças 182

Encerrando este tópico: Ensinar a Lei da Atração às crianças 185

Mantendo-se conectado com a mensagem da Lei da Atração 186
Apoio e recursos 186
Referências e sugestões de leituras 186

Agradecimentos especiais 188
Sobre o autor 189

O QUE ESTÃO DIZENDO SOBRE ESTE LIVRO

A mensagem de Michael Losier vai mudar a sua maneira de ver a si mesmo e aos outros. Para mim, A Lei da Atração *é ao mesmo tempo fonte de inspiração e de cura.*

Ethelle G. Lord, diretora da CCG Teamwork Development Associates, empresa de consultoria pessoal e profissional.

Michael Losier tem o dom de destilar princípios abstratos e obter resultados efetivos. A Lei da Atração *é um livro fácil de ler, de pôr em prática, e, o que é ainda melhor, funciona de verdade!*

Mary Marcdante, conferencista, autora de *My Mother, My Friend: The Ten Most Important Things To Talk About With Your Mother*, sobre a importância das relações positivas entre mães e filhas.

Se você quer efetivamente compreender por que a sua vida é como é, e se quer efetivamente saber como pode mudá-la, transformando-a no que quiser, este é o seu manual de instruções, escrito em linguagem simples.

Mark Foster, Inglaterra.

Li outros livros sobre a Lei da Atração, mas sempre parecia faltar alguma coisa. Losier nos fornece essa peça que faltava graças aos exercícios para obter Clareza através da Oposição e da Afirmação do Desejo.

Janet Boyer, editora do *BellaOnline*, um site para mulheres feito por mulheres.

Que livro fantástico! A fórmula simples e breve que Michael propõe para atrair o que quer que o seu coração deseje vai funcionar às mil maravilhas para aquele que a seguir. Recomendo efusivamente que você aplique esses princípios à sua vida para alcançar um megassucesso!

Zev Saftlas, autor de *Motivation that Works: How to Get Motivated and Stay Motivated*, a bíblia da motivação pessoal, livro de cabeceira de Jack Canfield, autor da série "Histórias para aquecer o coração".

Este livro defende a proposta de que a simplicidade é a melhor meta. De forma breve e simples, o autor fornece um esboço funcional dos princípios relativos à Lei da Atração e, então, oferece exercícios práticos para auxiliar o leitor a utilizá-los.

Antigone W., leitora do Amazon.com.

Você já deve ter ouvido falar da Lei da Atração e lido a seu respeito antes. Michael apreende o entendimento da Lei da Atração e o apresenta de forma incisiva e simples, de um jeito que qualquer um pode compreender, seja um perfeito novato, seja alguém com muita experiência no assunto. É uma leitura fácil e deliciosa!

Eva Gregory, leitora do Amazon.com e autora de *The Feel Good Guide to Prosperity*, sobre a importância de se criar um sentimento de bem-estar genuíno para a criação de um Campo Vibracional propício a atrair prosperidade.

Inteiramente por acaso, tive a imensa sorte de ver Michael Losier apresentar seu seminário sobre A Lei da Atração. *Michael é um conferencista dinâmico, honesto, que prende nossa atenção, e seus ensinamentos mudaram a minha vida. Sendo uma pessoa alto-astral e positiva, fiquei muitíssimo surpreso ao saber o quanto as minhas falas cotidianas estavam, na verdade, sabotando os meus esforços para atrair o tipo de relacionamento e de coisas que eu queria para a minha vida (e li centenas de outros livros de desenvolvimento pessoal, de autoria dos grandes gurus da atualidade).*

Os métodos de Michael são muito mais que afirmações positivas ou mantras esotéricos banais. O material que ele apresenta é prático, de fácil assimilação e, apesar de aparentemente simples, extremamente poderoso. A Lei da Atração *é um livro precioso, e recomendo efusivamente a sua leitura para quem quer que esteja interessado em melhorar sua qualidade de vida.*

John Goudie, profissional de aconselhamento de jovens em situação de risco social.

Entre todos os livros, fitas e outros materiais que comprei a respeito do tema "como criar sua vida ideal", A Lei da Atração, *de Michael Losier, é o melhor tratamento de "detalhes práticos" que jamais li. E ponto final. O que Losier ensina neste livro NÃO é como nos tornarmos alguém que atrai resultados — já estamos fazendo isso. Na verdade, ele nos ensina, em linguagem simples, sem nenhum jargão incompreensível, como nos tornarmos um polo de atração CONSCIENTE e começarmos, então, a atrair mais as coisas que queremos da vida e menos as que não queremos. Recomendo vivamente este livro. Se não pudesse conseguir outro exemplar, não venderia o meu nem por mil dólares.*

Tony Rush, um dos mais respeitados *life coach* dos Estados Unidos.

Breve história da Lei da Atração

ALGUNS DE VOCÊS já ouviram falar da Lei da Atração por meio de várias fontes, ao passo que outros estão apenas começando a descobrir sua existência. Na época moderna, a Lei da Atração vem sendo documentada desde princípios do século XIX. Eis aqui um breve histórico desses trabalhos:

1906 — William Walker Atkinson: *Thought Vibration or the Law of Attraction in the Thought World*
1926 — Ernest Holmes: *The Basic Ideas of Science of Mind*
1949 — Dr. Raymond Holliwell: *Working with the Law*

Em princípios da década de 1990, informações e ensinamentos sobre a Lei da Atração difundiram-se de forma mais ampla por meio das publicações de Jerry e Esther Hicks. Foi através deles que eu efetivamente "descobri" essa questão.

A partir do ano 2000, surgiram inúmeros artigos e livros sobre a Lei da Atração, e o interesse pelo assunto se expandiu, atingindo um público muito mais amplo. O futuro trará muito mais autores e professores escrevendo sobre esta questão, já que a mensagem da Lei da Atração continua a atrair a atenção de muitas pessoas.

No Brasil, a Lei da Atração está começando agora a ser difundida através de livros e filmes. Ninguém consegue ficar indiferente às possibilidades que se abrem com o conhecimento da Lei da Atração. A revista *Veja* destacou o assunto em matéria de capa, numa de suas edições recentes. O livro *The Secret — O Segredo*, de Rhonda Byrne, já chegou às livrarias com grande expectativa.

O que torna este livro diferente?

Em 1995, estudei Programação Neurolinguística para entender como funcionam a nossa mente e os nossos pensamentos. Isso me levou a diversas percepções sobre como as pessoas aprendem. Ao ler este livro, você vai notar que ele recorre a uma estrutura bem conhecida. Ele foi escrito de tal forma que cada capítulo se constrói a partir do anterior e, como num manual de treinamento, você pode usar as ferramentas, os exercícios e os roteiros para se manter conectado com a Lei da Atração.

Muitos dos livros que li adotavam uma vasta abordagem teórica do tema da Lei da Atração. Mas em lugar algum consegui encontrar uma resposta para a pergunta: "*Como posso efetivamente fazer isso?*" Com meu conhecimento de neurolinguística e de como ensinar utilizando vários métodos, criei um livro de fácil acesso para quem quer estudar a Lei da Atração. Usando os exercícios e as ferramentas deste livro, você terá condições de aprender em pouco tempo e, portanto, poderá começar a praticar a Lei da Atração em sua própria vida.

O elogio que recebo com mais frequência, e que também é dos mais satisfatórios, é por meu livro ser de leitura simples, e os exercícios, de fácil aplicação. Ele foi adotado por inúmeros grupos religiosos e espirituais de diferentes tendências. Além disso, sua leitura vem sendo exigida em vários grupos de vendas, empresas de marketing, corretoras imobiliárias, consultorias financeiras e outros tipos de negócios. Em suma, este livro tem um grande apelo.

Você já está vivenciando a Lei da Atração

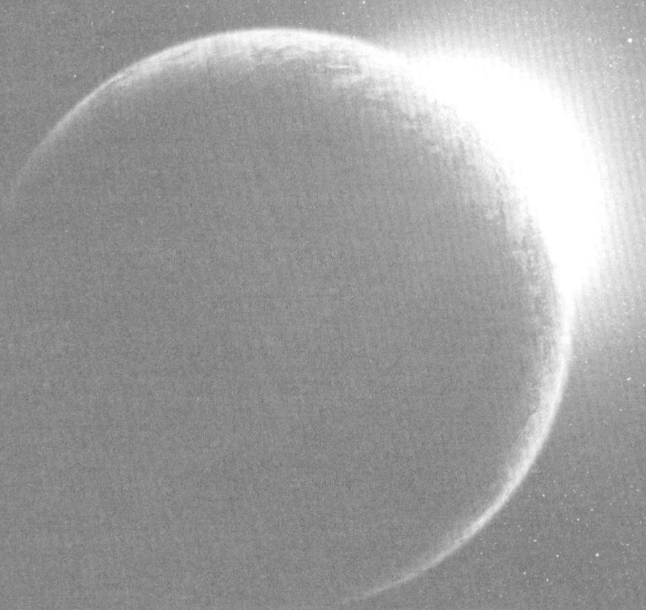

JÁ REPAROU QUE, às vezes, alguma coisa que você está querendo simplesmente aparece ou chega até você sem mais nem menos por meio de um telefonema? Ou já topou, na rua, com alguém em quem estava pensando? Talvez tenha encontrado o cliente perfeito ou o parceiro de sua vida por um acaso do destino ou por estar no lugar certo na hora certa. Todas essas experiências são evidências da Lei da Atração em sua vida.

Já ouviu falar de pessoas que estão sempre às voltas com relacionamentos problemáticos e que se queixam de estarem invariavelmente atraindo o mesmo tipo de relação? Mais uma vez é a Lei da Atração funcionando em suas vidas.

A Lei da Atração pode ser definida da seguinte maneira: *"Atraio para a minha vida qualquer coisa à qual dedico atenção, energia e concentração, seja em termos positivos ou negativos."*

Lendo este livro você vai entender como e por que isso acontece.

Há toda uma série de palavras ou expressões que demonstram a evidência da Lei da Atração. Se você já usou uma ou mais dessas palavras ou expressões estava, na verdade, se referindo à Lei da Atração.

Eis aqui uns poucos exemplos:

– Sem mais nem menos
– Por um feliz acaso
– Coincidência

– Destino
– Carma
– Inspiração
– Sincronicidade
– Sorte
– Era para ser

Neste livro, você vai aprender como tais experiências acontecem. E, o que é mais importante, vai descobrir como utilizar a Lei da Atração de uma forma mais consciente. Você será capaz de atrair tudo o que precisa fazer, saber e ter, e, com isso, conseguir mais as coisas que quer e menos as que não quer. Resultado: terá o seu cliente ideal, o seu emprego ideal, o seu relacionamento ideal, as suas férias ideais, a sua saúde ideal, mais dinheiro em sua vida, enfim, tudo o que desejar. De verdade!

A ciência da Lei da Atração

Há uma base fisiológica para o pensamento positivo e seu efeito na criação da Lei da Atração.

Há muitas formas de energia: atômica, térmica, eletromotiva, cinética e potencial. A energia jamais pode ser destruída.

Você deve se lembrar também de que toda matéria é feita de átomos, e que cada átomo tem um núcleo (contendo prótons e nêutrons) em torno do qual orbitam os elétrons.

Nos átomos, os elétrons sempre giram em torno do núcleo em "órbitas" predeterminadas ou níveis de energia que asseguram a estabilidade do átomo. Os elétrons podem ser levados a assumir órbitas "mais elevadas", pela adição de energia, ou podem desprender energia quando caem para uma órbita "mais baixa". Quando se trata de vibrações, se estiverem "alinhados", os átomos criam uma força motora, trabalhando todos na mesma direção, de uma forma bem semelhante à dos metais que podem ser magnetizados alinhando suas moléculas numa única direção. Essa criação de polos positivos (+) e negativos (-) é um fato da natureza e da ciência. Basta dizer que, como a ciência demonstrou, se há leis físicas que podem ser observadas e quantificadas em determinado campo, é muito provável que haja leis similares em outros campos, mesmo que não possam ser quantificadas nos tempos atuais.

Pode-se ver, portanto, que a Lei da Atração não é um termo fantasioso ou uma mágica esotérica. É uma lei da natureza segundo a qual cada átomo do seu ser está constantemente respondendo, quer você saiba disso ou não.

Para os leitores que quiserem saber mais sobre a conexão existente entre a energia, nossos pensamentos e o mundo da "matéria" que nos cerca, recomendo o filme *Quem somos nós?*, documentário que mostra como as recentes descobertas científicas estão corroborando várias "crenças" sobre a força do pensamento positivo na criação da realidade em que vivemos.

Referências à Lei da Atração

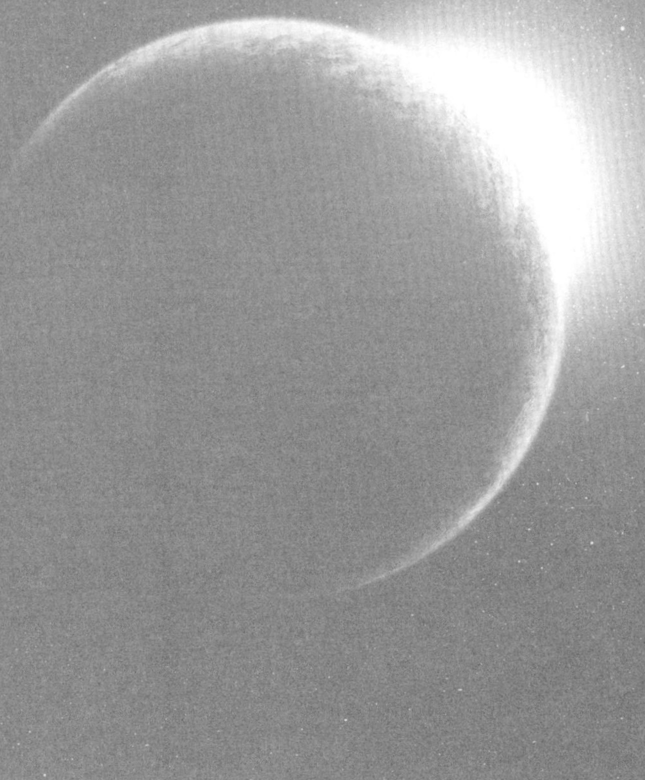

DIVERSOS AUTORES já escreveram sobre a Lei da Atração. Aqui estão apenas algumas das inúmeras maneiras segundo as quais vários livros se referem à Lei da Atração.

Semelhante atrai semelhante.

Jerry e Esther Hicks, em *Peça e será atendido.*

O que você irradia em seus pensamentos, sentimentos, imagens mentais e palavras você atrai para a sua vida.

Catherine Ponder, em *Leis dinâmicas da prosperidade.*

Nunca espere algo que não deseja, e nunca deseje algo que não espera. Quando você espera algo que não quer, está atraindo o indesejado, e quando deseja algo que não espera, está simplesmente dissipando a valiosa força mental. Por outro lado, quando você está na constante expectativa de algo que deseja persistentemente, sua habilidade para atrair se torna irresistível.

A mente é um ímã e atrai o que quer que corresponda ao seu estado dominante.

Dr. Raymond Holliwell, em *Working with the Law: Eleven Truth Principles for Successful Living.*

Cada pensamento deve se manifestar de acordo com sua intensidade. O mais leve pensamento de Inteligência aciona um poder na Lei para produzir algo correspondente.

Ernest Holmes, em *The Basic Ideas of Science of Mind.*

Você é um ímã vivo: você atrai para a sua vida pessoas, situações e circunstâncias que estão em harmonia com seus pensamentos dominantes. Qualquer coisa em que você se concentre em nível consciente se manifesta em sua experiência.

Brian Tracy.

Reflita por um instante...

A Lei da Atração pode ser definida da seguinte maneira: Atraio para a minha vida qualquer coisa à qual dedico atenção, energia e concentração, seja ela positiva ou negativa.

Vibrações positivas e negativas

O TERMO VIBRAÇÃO é geralmente utilizado para descrever um estado de espírito ou um sentimento que se sente a partir de alguém ou de alguma coisa. Alguém pode dizer, por exemplo, que sentiu uma boa vibração quando ficou perto de uma determinada pessoa. Ou, então, pode dizer que sentiu uma vibração negativa quando passou por uma determinada região da cidade ou área do bairro. Em todos esses casos, o termo vibração é usado para descrever o estado de espírito ou o sentimento que vivenciamos. Em suma, uma vibração equivale a um estado de espírito ou a um sentimento.

No mundo "vibracional" só existem duas espécies de vibrações, a positiva e a negativa. Qualquer estado de espírito ou sentimento faz com que você emita, envie ou proporcione uma vibração, que pode ser positiva ou negativa. Se consultar um dicionário e selecionar todas as palavras que descrevem um sentimento, verá que pode incluí-las numa dessas duas categorias. Cada palavra descreverá um sentimento que gera uma vibração positiva ou um sentimento que gera uma vibração negativa.

Cada um de nós emite vibrações positivas ou negativas. Na verdade, estamos sempre emitindo vibrações. Pense sobre a expressão "Ele emite boas vibrações" ou "Esse lugar tem vibrações negativas".

Na página seguinte, você vai encontrar exemplos de sentimentos que geram vibrações positivas ou negativas.

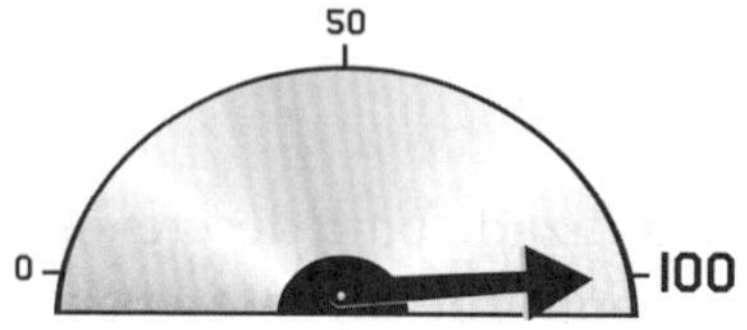

POSITIVOS

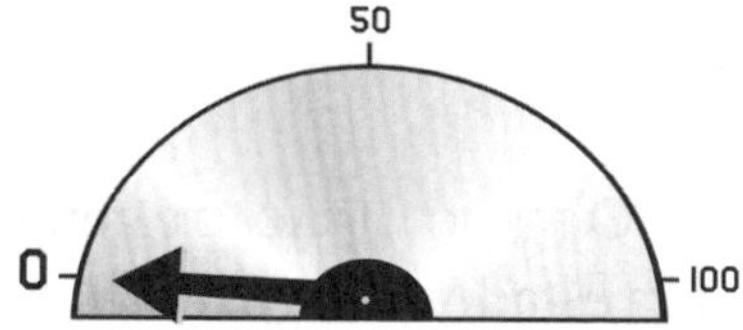

NEGATIVOS

POSITIVOS	NEGATIVOS
alegria	desapontamento
amor	solidão
entusiasmo	falta
abundância	tristeza
orgulho	confusão
conforto	estresse
confiança	raiva
afeição	mágoa

A cada momento, você vivencia um estado de espírito ou um sentimento. Neste exato momento, o estado de espírito ou o sentimento que você está vivenciando faz com que seja emitida uma vibração positiva ou negativa.

É aqui que entra em cena a Lei da Atração. A Lei da Atração (a energia universal que nos cerca e que obedece à ciência da física) está respondendo à vibração que você está enviando. Agora mesmo, neste exato momento, ela está se harmonizando com sua vibração, dando-lhe mais dessa mesma coisa, seja ela negativa ou positiva.

Por exemplo: quando uma pessoa acorda, numa segunda-feira de manhã, sentindo-se um pouco mal-humorada e irritada, está emitindo uma vibração negativa. E, enquanto essa pessoa emite essa vibração negativa, a Lei da Atração responde, harmonizando-se com a vibração que está sendo emitida, enviando-lhe mais da mesma coisa. A Lei da Atração sempre se harmoniza com a sua vibração, seja ela positiva ou negativa.

Assim sendo, essa pessoa se levanta da cama, dá uma topada, deixa a torrada queimar, fica presa num engarrafamento, tem um cliente que cancela o compromisso e, no fim, vai acabar dizendo: "Eu hoje não deveria ter saído da cama!"

Outro exemplo seria o de um vendedor, animadíssimo com o grande negócio que acabou de fazer e emitindo, portanto, uma vibração positiva. Pouco depois, surge uma segunda venda excelente. Ele dirá para si mesmo: "Estou numa maré de sorte!"

Em ambos os casos, a Lei da Atração está em ação, expandindo e orquestrando tudo o que precisa acontecer para trazer uma maior quantidade da mesma coisa, seja ela positiva ou negativa.

Neste livro, você vai aprender a identificar a vibração que está emitindo e a fazer uma escolha consciente, determinando se quer continuar a emiti-la ou se quer mudá-la. No capítulo intitulado "Atração Consciente", você vai aprender o que fazer para emitir, conscientemente, uma vibração diferente. Você vai aprender a se tornar um "emissor" consciente de suas vibrações, de tal forma que poderá alterar os resultados que vem obtendo e ter mais daquilo que deseja e menos do que não deseja.

Reflita por um instante...

A Lei da Atração responde
a qualquer vibração que você emita,
seja ela positiva ou negativa,
dando-lhe mais dessa mesma coisa.
Ela simplesmente responde
às suas vibrações.

Atração Inconsciente

Muitas pessoas ficam intrigadas com o fato de estarem sempre atraindo o mesmo tipo de coisas. Elas têm absoluta certeza de que não estão emitindo nada negativo, e, mesmo assim, em certas áreas bem específicas de suas vidas, as experiências negativas continuam a se manifestar. Isso acontece porque essas pessoas estão enviando vibrações negativas inconscientes, simplesmente pela observação daquilo que lhes acontece com tanta frequência.

Por exemplo: ao abrir sua carteira e constatar que ela está vazia, isto é, com a simples observação de que não há dinheiro ali, você está emitindo uma vibração de falta, de medo ou alguma outra vibração negativa semelhante. Não está fazendo isso de propósito e deve lembrar que a Lei da Atração está simplesmente respondendo à sua vibração e lhe dando mais da mesma coisa. Ela não sabe que atitude está fazendo com que você gere essa vibração negativa. Você pode estar se lembrando, fingindo, sonhando acordado, ou, neste caso, apenas observando.

Ciclo de observação (Atração Inconsciente)

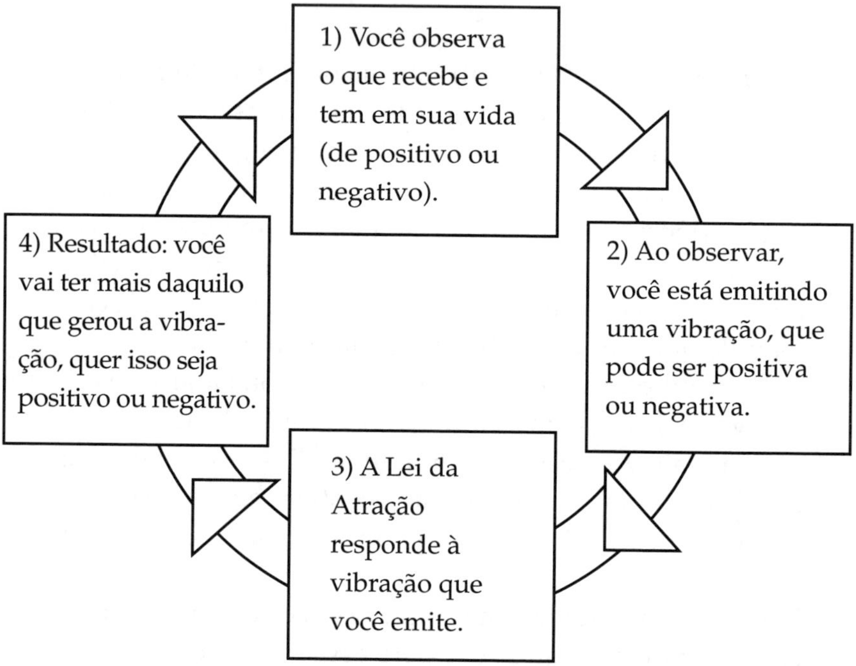

Simplesmente ao notar o que tem recebido em diferentes áreas de sua vida (financeira, profissional, pessoal), suas observações geram um sentimento (vibração) que tanto pode ser positivo quanto negativo.

Observar emite vibrações

Mesmo que você não tenha consciência disso, está perpetuando o Ciclo de Observação. A Lei da Atração responderá à sua vibração, seja ela positiva ou negativa, dando-lhe mais do objeto de sua vibração.

É importante entender que a Lei da Atração já existe em sua vida, quer você a compreenda ou não, quer goste dela ou não, quer acredite nela ou não. Use isso como um guia. Se gosta do que está observando, celebre esse elemento e, em sua celebração, vai recebê-lo em maior quantidade. Se não gosta do que está tendo, então é hora de tirar proveito da Lei da Atração de uma forma mais consciente, pois só assim você vai parar de atrair o que não quer e começar a atrair o que deseja. Em outras palavras: é hora de você conhecer profundamente a Atração Consciente.

Reflita por um instante...

Quer a sua vibração seja positiva, quer seja negativa, a Lei da Atração vai lhe dar mais dessa mesma coisa.

ENTENDENDO O SIGNIFICADO DAS SUAS PALAVRAS

PALAVRAS, PALAVRAS, PALAVRAS

A maioria das ferramentas e dos exercícios deste livro relacionam-se à linguagem, ao uso das palavras, e, o que é ainda mais importante, aos sentimentos gerados pelas palavras.

Ao ler este livro, você vai aprender como as palavras são o denominador comum para todas as atividades do processo de Atração Consciente.

POR QUE SE DÁ TAMANHA ÊNFASE ÀS PALAVRAS?

As palavras estão por toda parte. Nós as pronunciamos, lemos, escrevemos, pensamos, vemos, digitamos e as ouvimos em nossa mente. O motivo pelo qual todos os exercícios deste livro são baseados na escolha das palavras certas é o fato de as palavras que pensamos e usamos gerarem a vibração que emitimos. A palavra "dever", por exemplo, pode provocar uma vibração negativa em determinadas pessoas e positiva em outras. A palavra "dinheiro" pode conter vibração positiva para algumas pessoas e negativa para outras. Nas páginas seguintes, você vai aprender quais as palavras que o fazem atrair as coisas que você não quer.

Seus pensamentos são feitos de palavras. Existe uma conexão poderosa entre vibrações positivas e negativas, seus pensamentos e suas palavras.

PALAVRAS ⟺ PENSAMENTOS ⟺ SENTIMENTOS
(feitos de palavras) (vibrações negativas ou positivas)

PALAVRAS QUE O FAZEM ATRAIR O QUE VOCÊ NÃO QUER
Não e outros termos de negação

Não pense na Estátua da Liberdade, em Nova York. Eu sei que você sabe que eu sei que foi exatamente isso que você fez! Sua mente consciente e inconsciente filtra automaticamente a palavra *não*. Quando você usa esta palavra, está efetivamente internalizando, na mente, a própria coisa que lhe disseram para não fazer. Por exemplo: se eu disser "Não pense numa tempestade de neve", garanto que você vai começar a pensar numa quase imediatamente. Embora a instrução fosse para não fazer determinada coisa, sua mente consciente e inconsciente suprime essa parte do enunciado da instrução.

Há outras expressões bem usuais que aumentam a carga de atenção e de energia naquilo que você NÃO quer. Você já se ouviu dizendo uma dessas frases?

– Não fique zangado.
– Não estou acusando você.
– Não hesite em me ligar.
– Não se deixe enganar.
– Não se preocupe.
– Não quero ficar doente.
– Não jogue lixo aqui.
– Não fume.

– Não estou julgando.
– Não entre em pânico.
– Não tenha pressa.
– Não olhe agora.
– Não corra com a tesoura na mão.
– Não se esqueça.
– Não quero que meus clientes cancelem a reunião.
– Não se atrase.
– Não bata a porta.

A Lei da Atração reage exatamente como a sua mente: ela ouve o que você NÃO quer. Quando você se ouve dizendo alguma coisa que contenha a palavra *não*, você está efetivamente investindo atenção e energia naquilo que NÃO quer.

Eis aqui uma ferramenta eficaz e de fácil utilização que vai ajudá-lo a reduzir e, com o tempo, até mesmo a eliminar a palavra *não* de seu vocabulário. Cada vez que se ouvir dizendo *não*, pergunte a si mesmo: "Então, o que eu realmente quero?" Cada vez que você falar do que NÃO quer, estará dando sua atenção e energia a essa coisa. Quando se perguntar o que você quer, a resposta criará uma nova frase com novas palavras. Quando suas palavras se modificam, sua vibração se modifica, e o melhor de tudo é que você só pode emitir uma vibração de cada vez.

Reflita por um instante...

Quando você se ouve dizendo uma frase que contém a palavra não, está efetivamente investindo atenção e energia naquilo que não quer. Simplesmente pergunte a si mesmo: "Então, o que eu realmente quero?"

PERGUNTANDO A SI MESMO: "ENTÃO, O QUE EU REALMENTE QUERO?"

Retomando alguns exemplos citados anteriormente, quando usamos a palavra *não*, não estamos focados no que realmente queremos. Se fizermos a pergunta: "Então, o que eu realmente quero?", nossas frases se modificarão.

Frases negativas ⇨ "Então, o que eu realmente quero?" ⇨ Frases afirmativas

Frases negativas	Frases afirmativas
Não hesite em me ligar.	Ligue logo.
Não entre em pânico.	Fique calmo.
Não se esqueça.	Lembre.
Não se atrase.	Nos vemos na hora marcada.
Não bata a porta.	Feche a porta devagar.
Não quero ficar doente.	Vou ficar bem.
Não quero que meus clientes cancelem a reunião.	Quero que meus clientes compareçam à reunião.
(Acrescente aqui suas próprias frases negativas e preste atenção nas situações em que você mais usa frases negativas.)	(Agora, faça a pergunta: "Então, o que eu realmente quero?" e crie aqui frases positivas.)

Emoções positivas e negativas não podem ocupar a mente ao mesmo tempo. Uma ou outra deve dominar. Cabe a você fazer tudo para que as emoções positivas constituam a influência dominante em sua mente.

Napolean Hill

Reflita por um instante...

Quando você passa daquilo que não quer para aquilo que quer, as palavras se modificam. Quando as palavras se modificam, a vibração se modifica, e você só pode emitir uma vibração de cada vez.

Reprogramando sua vibração

Você sempre pode saber se a vibração que está emitindo é positiva ou negativa identificando o sentimento que está experimentando. Esses sentimentos estão fazendo com que você emita uma vibração e, no mundo "vibracional", existem apenas dois tipos de vibrações, as positivas e as negativas.

Você pode reprogramar sua vibração, fazendo-a passar de negativa a positiva pela simples escolha de palavras diferentes e pensamentos diferentes. É tão fácil quanto perguntar a si mesmo: "Então, o que eu realmente quero?" Mais uma vez, quando você fala daquilo que não quer e, depois, fala do que quer, as palavras se modificam. Você só pode emitir uma vibração de cada vez; portanto, quando suas palavras se modificam, sua vibração também se modifica. Em suma: para reprogramar sua vibração, basta mudar as palavras que está usando e os pensamentos que está formulando.

A Lei da Atração não registra qual era a vibração que você estava emitindo há cinco minutos, há cinco dias, há cinco meses ou há cinquenta anos. Ela apenas responde à vibração que você está emitindo neste exato momento, e lhe dá mais dessa mesma coisa.

Reflita por um instante...

Para saber se está emitindo vibrações positivas ou negativas a respeito de algo, dê uma olhada nos resultados que tem obtido nessa área da sua vida. Eles são o reflexo perfeito daquilo que você está vibrando.

No próximo capítulo, você vai descobrir como usar a Lei da Atração de forma mais consciente. Para fazer isso, você vai aprender uma fórmula de três passos bastante simples. Além de aprender os passos e acompanhar dois estudos de caso, inseri alguns exercícios para você colocar em prática os ensinamentos.

Se não sabe ao certo a que área de sua vida você gostaria de aplicar a Atração Consciente, escolha simplesmente aquela com a qual anda menos satisfeito. Pode ser o(s) seu(s) relacionamento(s), a sua carreira, a sua saúde, os seus negócios ou a sua situação financeira.

Recomendo que leia o livro até o fim e só então volte para os exercícios, aplicando-os à área específica que escolheu.

A fórmula dos Três Passos para a Atração Consciente

Primeiro Passo: Identifique o seu desejo (Peça)

Parece fácil, não é? De um modo geral, as pessoas não são muito boas quando se trata de saber o que querem. Entretanto, sabem perfeitamente identificar o que não querem. Nesta etapa, você vai aprender por que saber o que você não quer vai ajudá-lo tanto.

Segundo Passo: Dê atenção ao seu desejo (Acredite)

A Lei da Atração vai lhe dar mais daquilo a que você dedica atenção, energia e concentração. Esta etapa vai ensiná-lo a fazer apenas isto, simplesmente aprendendo a escolher suas palavras.

Terceiro Passo: Permita (Receba)

Você está se perguntando por que não realiza seus desejos? A rapidez com que os seus desejos se concretizam depende da sua maior ou menor capacidade de permitir. Esta é a etapa mais importante.

Primeiro Passo: Identifique o seu desejo (Peça)

O PRIMEIRO PASSO para fazer com que a Lei da Atração trabalhe em seu benefício é ter clareza a respeito do que você quer. O desafio, porém, é que a maioria das pessoas tem dificuldade em saber o que quer, mas todos identificam facilmente o que não querem. Na verdade, saber o que você não quer é uma coisa boa. Como vai descobrir neste capítulo, saber o que você não quer vai se tornar uma ferramenta muito útil.

O QUE É A OPOSIÇÃO?

A Oposição, tal como se aplica à Lei da Atração, é qualquer coisa de que você não gosta, que não lhe parece agradável, ou que deixa você num estado de espírito negativo. No momento em que você identifica algo em sua vida que parece ser uma Oposição e passa um bom tempo se queixando disso, falando a esse respeito ou declarando que não quer isso, você está emitindo vibrações negativas. A Lei da Atração vai responder, então, à sua vibração negativa dando-lhe mais dessa mesma Oposição.

A OPOSIÇÃO PODE AJUDAR?

Pode. Ao observar a Oposição e identificá-la como algo que não quer, você verá com mais clareza o que quer. Apenas pergunte a si mesmo: "Então, o que eu realmente quero?" Em outras palavras, você pode usar a Oposição para adquirir mais clareza quanto ao que você quer respondendo a essa pergunta.

Pense, por exemplo, no seu primeiro namorado ou namorada. É provável que você não esteja mais com essa pessoa e que, desse relacionamento, você guarde apenas uma lista de coisas de que não gostava. Essa é a sua lista de Oposições. É essa lista que vai ajudá-lo a perceber mais claramente o que você quer de um relacionamento, por exemplo.

Reflita por um instante...

Observar a Oposição é essencial porque isso o ajuda a ver mais claramente o que você quer.

Por que é importante identificar a Oposição?

Você tem a experiência da Clareza sempre que observa a Oposição em sua vida.

Imagine que está andando de carro com seu melhor amigo, que insiste em ficar trocando as estações do rádio. Por um breve instante, o rádio fica sintonizado numa estação de música heavy metal, coisa que você odeia. E, com isso, você começa a ficar irritado.

Depois de cinco segundos dessa música, você diz consigo mesmo: "O carro é meu e não vou ouvir isso nem por mais um segundo que seja." Então, estende a mão e muda para sua rádio favorita, que toca música pop. No mesmo instante, você se sente mais feliz e mais relaxado.

Viu como foi fácil perceber o que você gosta só de reparar no que não gosta? Em outras palavras, a sua Oposição lhe propiciou Clareza.

Uma vez que a Lei da Atração está sempre respondendo à sua vibração (seja ela positiva ou negativa), é importante tratar imediatamente de desviar sua atenção daquilo que você não quer (Oposição) e redirecioná-la para aquilo que você quer (Clareza). Uma forma eficaz de identificar o que você realmente quer quando tem a experiência da Oposição é perguntar a si mesmo: "Então, o que eu realmente quero?"

Reflita por um instante...

Observe o quanto antes
a Oposição, perguntando:
"Então, o que eu realmente quero?"

O QUANTO ANTES MELHOR

A chave para conseguir o que você quer, sem ficar empacado pensando no que não quer, é observar o quanto antes a Oposição.

Só você pode decidir quando fazer isso. Para algumas pessoas, vivenciar a Oposição num relacionamento é algo que pode levar anos. Para outras, a Oposição é observada num curto espaço de tempo. Elas podem decidir terminar um relacionamento no primeiro encontro, por exemplo.

Repare que, quando você vivencia a Oposição com relação a cheiros, sons ou gostos, a sua tolerância é mínima. Pense nessas perguntas:

– Por quanto tempo você ficaria sentindo um cheiro ruim?

– Por quanto tempo você ficaria ouvindo uma música que não lhe agrada?

– Por quanto tempo comeria algo que tenha gosto ruim?

Nesses casos, você está observando instantaneamente a Oposição, e transformando-a RAPIDAMENTE em Clareza.

Há, contudo, umas poucas áreas de sua vida em que você pode levar muito tempo para observar a Oposição. São elas:

– Relacionamentos
– Saúde
– Finanças
– Carreira

Em geral, quanto menos tempo você gastar dedicando sua atenção, sua energia e sua concentração à Oposição, melhor. O processo para obter Clareza através da identificação da Oposição, que você está aprendendo neste livro, vai ajudá-lo nesse sentido.

A SUA META É LIMITAR A OPOSIÇÃO EM TODAS AS ÁREAS DA SUA VIDA

É bom se sentir bem em todas as áreas da vida. Isso parece egoísmo?

Não devemos confundir egoísmo com o cuidado consigo mesmo, algo extremamente necessário e benéfico.

- Você se cuida em relação ao que come?
- Você se cuida em relação aos cheiros que sente?
- Você se cuida em relação ao que veste?
- Você se cuida em relação ao que ouve?

Eu o estou encorajando a cuidar de si mesmo, a prestar atenção naquilo que faz você se sentir bem em todas as áreas da sua vida, especialmente em:

- Sua carreira
- Suas finanças
- Sua saúde
- Seus relacionamentos

Nessas quatro áreas, as pessoas tendem a experimentar inúmeras emoções negativas e a observá-las por um longo tempo, em muitos casos, por anos.

Reflita por um instante...

Identifique o que faz você se sentir bem e preste mais atenção nisso.

O PROCESSO PARA OBTER CLAREZA ATRAVÉS DA OPOSIÇÃO

O processo para obter Clareza através da Oposição vai ajudá-lo a ter uma noção mais precisa dos seus desejos.

Eis aqui algumas áreas importantes da sua vida em que a Clareza é altamente benéfica:

- Carreira
- Finanças
- Relacionamentos amorosos
- Amizades
- Relacionamentos profissionais
- Educação
- Saúde

Vamos examinar, em seguida, dois estudos de caso que ilustram o processo para obter Clareza através da Oposição.

Estudos de caso

Depois de ensinar a Lei da Atração a milhares de alunos, recolhi histórias maravilhosas de pessoas cujas vidas se transformaram a partir desse trabalho. O fato de ver a história de outra pessoa impressa no papel efetivamente faz com que esta ferramenta adquira vida. Incluí, portanto, dois estudos de caso que representam duas áreas comuns às quais as pessoas aplicam a Lei da Atração para obterem mais daquilo que querem.

A história de Janice vai lhe mostrar como os três passos — Identificar o seu desejo (Pedir), Dar atenção ao seu desejo (Acreditar) e Permitir (Receber) — podem funcionar atraindo um relacionamento ideal. A história de Greg se refere a outra questão bem difícil para muita gente: dinheiro.

Janice: aplicando a Lei da Atração aos relacionamentos

Janice, de 34 anos, está cansada e frustrada porque sempre se interessa pelo cara errado. Ela se queixa, dizendo que atrai homens que não estão disponíveis, que são insensíveis e que raramente fazem dela a prioridade de suas vidas.

Janice decidiu usar a Lei da Atração para atrair o relacionamento que lhe parecia ideal.

Começou o processo de Atração Consciente com o Primeiro Passo, a identificação de seu desejo, e usou o exercício para obter Clareza através da Oposição. Dê uma olhada no exercício de Janice.

Ela conseguiu fazer uma longa lista de Oposições lembrando um certo número de relacionamentos anteriores e pensando em tudo de que não gostava (Oposição) nesses relacionamentos.

Exercício para obter Clareza
através da Oposição
Janice: Meu relacionamento ideal

Oposição Coisas de que não gosto Lado A	Clareza Coisas de que gosto Lado B
1. Homem controlador.	
2. Que não sabe ouvir.	
3. Que não é carinhoso.	
4. Que não liga para o que penso ou como me sinto.	
5. Que não é sociável.	
6. Que não gosta de viajar.	
7. Que fica sempre me apressando.	
8. Que toma decisões sem me consultar.	
9. Que não gosta de cinema ou de sair para dançar.	

Janice fez a sua lista de Oposição no Lado A. Durante este exercício, lembrou-se de três namoros anteriores e levou uns dois dias para fazer a lista. Mais tarde, perguntou a si mesma: "Então, o que eu realmente quero?" Em seguida, fez uma lista das coisas de que gostava num homem.

Exercício para obter Clareza através da Oposição Janice: Meu relacionamento ideal

"Então, o que eu realmente quero?"

Oposição Coisas de que não gosto Lado A	Clareza Coisas de que gosto Lado B
~~1. Homem controlador.~~	1. Homem flexível, equilibrado.
~~2. Que não sabe ouvir.~~	2. Que é ótimo ouvinte.
~~3. Que não é carinhoso.~~	3. Que é carinhoso, sensível.
~~4. Que não liga para o que penso ou como me sinto.~~	4. Que pergunta o que acho e como me sinto com relação às coisas.
~~5. Que não é sociável.~~	5. Que gosta de encontrar meus amigos e se diverte com eles.
~~6. Que não gosta de viajar.~~	6. Que gosta de sair, adora viagens curtas ou longas, gosta de aventura e de explorar lugares novos junto comigo.
~~7. Que fica sempre me apressando.~~	7. Que é paciente e deixa as coisas acontecerem no seu tempo.
~~8. Que toma decisões sem me consultar.~~	8. Que pede minha opinião na hora de decidir alguma coisa.
~~9. Que não gosta de cinema ou de sair para dançar.~~	9. Que gosta de teatro, cinema, adora música ao vivo, se divertir e sair para dançar.

Janice leu cada um dos itens de sua lista e se perguntou: "Então, o que eu realmente quero?" Depois de escrever a resposta no Lado B, ela riscou a Oposição correspondente no Lado A.

Nesse exemplo, selecionamos nove itens da lista de Janice. Esse exercício é mais eficaz quando você inclui o maior número possível de itens na sua lista de Oposições (entre 50 e 100 itens). Quanto mais Oposições você conseguir identificar, mais Clareza poderá gerar.

Greg: aplicando a Lei da Atração à situação financeira

Greg, de 27 anos, mal consegue fechar as contas no fim do mês. Está sempre se queixando de que o dinheiro não dá para nada. Na verdade, ele diz que anda estressadíssimo com sua situação financeira. Ele é consultor comercial autônomo e vem efetivamente tendo dificuldades em conseguir clientes e mantê-los.

Decidiu, então, usar a Lei da Atração para atrair a situação financeira ideal.

O processo de Atração Consciente começa com o Primeiro Passo, a identificação de seu desejo, utilizando o exercício para obter Clareza através da Oposição. Dê uma olhada no exercício de Greg.

Lembre que, no exemplo de Greg, incluímos um total de dez itens na lista de Oposições. Esse exercício é mais eficaz quando você acrescenta o maior número possível de itens à sua lista de Oposições (entre 50 e 100 itens). Quanto mais Oposições você conseguir identificar, mais Clareza poderá gerar.

Exercício para obter Clareza através da Oposição
Greg: Minha situação financeira ideal

Oposição Coisas de que não gosto Lado A	Clareza Coisas de que gosto Lado B
1. O dinheiro não dá. 2. Há sempre contas a pagar. 3. Mal consigo fechar o mês. 4. Não posso comprar nada que eu queira. 5. Não sei ganhar dinheiro. 6. Nunca tenho dinheiro suficiente para nada. 7. Acabo sempre recebendo a mesma quantia. 8. Na minha família, o dinheiro nunca vem fácil. 9. É sempre uma luta pagar o aluguel. 10. Dinheiro é uma coisa que me deixa estressado.	

Greg fez a sua lista de Oposições no Lado A. Lembrou--se dos detalhes de sua situação financeira no ano anterior e levou duas horas para fazer essa lista. (Ele poderia ter levado dias para completá-la, se quisesse.) Mais tarde, perguntou a si mesmo: "Então, o que eu realmente quero?" Em seguida, fez uma lista das coisas de que gostava numa situação financeira ideal.

Exercício para obter Clareza através da Oposição
Greg: Minha situação financeira ideal

"Então, o que eu realmente quero?"

Oposição Coisas de que não gosto Lado A	Clareza Coisas de que gosto Lado B
~~1. O dinheiro não dá.~~	1. Há dinheiro em abundância.
~~2. Há sempre contas a pagar.~~	2. Sempre pago as contas rapidamente e com facilidade.
~~3. Mal consigo fechar o mês.~~	3. Sempre tenho dinheiro sobrando.
~~4. Não posso comprar nada que eu queira.~~	4. Sempre tenho dinheiro para comprar tudo o que quiser.
~~5. Não sei ganhar dinheiro.~~	5. Tenho uma entrada de dinheiro constante vindo de várias fontes.
~~6. Nunca tenho dinheiro suficiente para nada.~~	6. Ganho prêmios, presentes e brindes com frequência.
~~7. Acabo sempre recebendo a mesma quantia.~~	7. Aumento constantemente a quantidade de dinheiro que recebo de fontes conhecidas e desconhecidas.
~~8. Na minha família, o dinheiro nunca vem fácil.~~	8. O dinheiro chega fácil às minhas mãos.
~~9. É sempre uma luta pagar o aluguel.~~	9. Pago o aluguel com facilidade, já que sempre há dinheiro.
~~10. Dinheiro é uma coisa que me deixa estressado.~~	10. Minha relação com o dinheiro é muito boa.

Greg leu cada um dos itens de sua lista e se perguntou: "Então, o que eu realmente quero?" Depois de escrever a resposta no Lado B, ele riscou a Oposição correspondente no Lado A.

Faça o exercício para obter Clareza através da Oposição

Escolha uma área de sua vida que você gostaria de modificar.

De um lado, liste todas as coisas que o estão perturbando nesse campo. Por exemplo, se você está fazendo uma lista de Oposições com relação à sua carreira, ela pode incluir "a carga horária é muito grande" ou "o salário é muito baixo". Você pode perfeitamente pensar em empregos antigos para construir a sua lista.

Leve o tempo que for preciso para fazer sua lista de Oposições. Lembre-se de que incluir mais itens em sua lista vai lhe proporcionar mais Clareza. Sugiro que inclua de 50 a 100 itens. Passe alguns dias trabalhando nessa lista para ter a certeza de que pensou em todas as possibilidades de Oposição efetivamente importantes.

Quando tiver terminado de fazer essa lista, leia cada item e pergunte a si mesmo "Então, o que eu realmente quero?" e, com as respostas, faça uma nova lista ao lado dessa.

Graças à utilização do exercício para obter Clareza através da Oposição, você compreenderá melhor o que realmente quer (Clareza do Desejo), listando aquilo que você não quer (Oposição). Depois que tiver obtido Clareza, simplesmente risque o item correspondente da lista das Oposições.

Exercício para obter Clareza
através da Oposição
Meu/Minha .... ideal

"Então, o que eu realmente quero?"

Oposição Coisas de que não gosto Lado A	Clareza Coisas de que gosto Lado B
Liste as coisas de que você não gosta	Liste as coisas que você gostaria de ter

Encerrando o Primeiro Passo: Identifique o seu desejo (Peça)

Você completou o Primeiro Passo da Atração Consciente, a identificação de seu desejo.

Aqui está um resumo dos temas tratados neste capítulo:

— Suas palavras geram uma vibração que tanto pode ser positiva quanto negativa.
— Quando você usa a palavra *não*, continua dedicando atenção, energia e concentração àquilo a que está se referindo.
— Quando se ouvir dizer *não*, pergunte a si mesmo "Então, o que eu realmente quero?".
— Quando você passa do que não quer ao que realmente quer, as palavras se modificam e, quando elas se modificam, sua vibração também se modifica.
— Você só pode emitir uma vibração de cada vez.
— Você pode reprogramar sua vibração simplesmente modificando as palavras, lembrando sempre que os pensamentos são feitos de palavras.
— Oposição é qualquer coisa que não lhe parece agradável.
— Observe o quanto antes a Oposição, sabendo que a Lei da Atração está sempre respondendo à sua vibração.
— Use a Oposição para ajudar a gerar Clareza.
— Ao construir sua lista de Oposições procure incluir aí o maior número possível de itens. Quanto mais Oposições você identificar, mais Clareza terá.

Lembre-se de que você apenas identificou seu desejo nesta etapa. Deve ter se sentido muito bem identificando e pondo no papel o que você quer, ou talvez tenha experimentado um sentimento de dúvida.

Nos capítulos seguintes, vou ensiná-lo a prosseguir com a fórmula da Lei da Atração utilizando o Segundo e o Terceiro Passos.

Segundo Passo: Dê atenção ao seu desejo (Acredite)

DAR ATENÇÃO AUMENTA A VIBRAÇÃO

Intensificar (aumentar) a sua vibração significa simplesmente dar, ao seu desejo, uma atenção, uma energia, uma concentração mais positivas.

Não basta apenas identificar o seu desejo. Você deve lhe dedicar também uma atenção positiva. Ao lhe dar uma atenção positiva, você estará incluindo a vibração desse desejo em sua vibração do momento.

A Lei da Atração lhe dá mais daquilo a que você dedica atenção, energia e concentração. No entanto, se você identificar o seu desejo e não lhe der atenção, energia e concentração, não haverá nenhuma manifestação. A chave, então, é identificar o seu desejo e continuar lhe dedicando atenção. Ao lhe dar atenção, você estará incluindo a vibração desse desejo em sua vibração atual. É a ela que a Lei da Atração responde.

Algumas pessoas têm a maior facilidade em identificar seus próprios desejos e colocá-los nessa lista. Depois, enfiam sua lista de desejos em algum lugar e nunca mais voltam a lhe dar atenção. A Lei da Atração só pode responder àquilo a que você está dedicando sua atenção.

Este capítulo explica esse conceito lançando mão da ideia de que temos, ao nosso redor, um Campo Vibracional onde estão estocadas todas as nossas vibrações atuais. Você precisa incluir, portanto, a vibração de seu desejo em seu Campo Vibracional.

O QUE ESTOU INCLUINDO EM MEU CAMPO VIBRACIONAL?

Imagine que você tem um campo de energia ao seu redor e, neste campo, são capturadas todas as vibrações que você está emitindo. A Lei da Atração está sempre respondendo ao que quer que esteja dentro de seu Campo Vibracional.

Os seus desejos estão dentro ou fora de seu Campo Vibracional?

É importante compreender que todas as suas metas, os seus sonhos e os seus desejos estão fora de seu Campo Vibracional. Se estivessem dentro de seu Campo Vibracional, você já os teria alcançado e estaria usufruindo deles. Veja, por exemplo, o exercício que você realizou no Primeiro Passo, para identificar seu desejo. Agora que você tem Clareza com relação ao seu desejo, é preciso incluir essa vibração na sua vibração atual, pois é a ela que a Lei da Atração responde. Se você fizer sua lista e enfiá-la no fundo do armário, o seu desejo não vai se realizar porque a Lei da Atração não responde a coisas guardadas num fundo de armário. Ela só responde ao que está presente no seu Campo Vibracional.

No Segundo Passo do processo da Atração Consciente, você vai aprender a utilizar palavras para dedicar atenção, energia e concentração aos seus desejos, criando uma Afirmação do Desejo. Enquanto estiver mantendo a atenção, a energia e a concentração em seu desejo, você o estará incluindo no seu Campo Vibracional a cuja vibração a Lei da Atração responde e corresponde.

O que você está incluindo em seu Campo Vibracional?

ESTOU INCLUINDO TAL COISA EM MEU CAMPO VIBRACIONAL? OU ESTOU EXCLUINDO TAL COISA DE MEU CAMPO VIBRACIONAL?

Em qual das colunas (ação que INCLUI algo em meu Campo Vibracional ou ação que EXCLUI algo de meu Campo Vibracional) se encaixa cada uma das frases abaixo?

- Quando estou falando sobre as coisas que desejo.
- Quando reparo em algo que me agrada.
- Quando fico sonhando acordado com o meu desejo.
- Quando visualizo o meu desejo.

– Quando finjo que já realizei o meu desejo.
– Quando digo "sim" a alguma coisa.
– Quando digo "não" a alguma coisa.
– Quando me preocupo com alguma coisa.
– Quando me queixo de alguma coisa.
– Quando me lembro de algo positivo.
– Quando me lembro de algo negativo.
– Quando observo algo positivo.
– Quando observo algo negativo.
– Quando brinco com a ideia de realizar o meu desejo.
– Quando reúno coisas relativas ao meu desejo.
– Quando rezo pelo meu desejo.
– Quando comemoro algo que me agrada.

A resposta, que você verá a seguir, pode parecer surpreendente, mas é um dos conceitos mais importantes dentro da Lei da Atração.

Exercício do Campo Vibracional

Ação que INCLUI algo em meu Campo Vibracional	Ação que EXCLUI algo de meu Campo Vibracional
– Quando estou falando sobre as coisas que desejo. – Quando reparo em algo que me agrada. – Quando fico sonhando acordado com o meu desejo. – Quando visualizo o meu desejo. – Quando finjo que já realizei o meu desejo. – Quando digo "sim" a alguma coisa. – Quando digo "não" a alguma coisa. – Quando me preocupo com alguma coisa. – Quando me queixo de alguma coisa. – Quando me lembro de algo positivo. – Quando me lembro de algo negativo. – Quando observo algo positivo. – Quando observo algo negativo. – Quando brinco com a ideia de realizar o meu desejo. – Quando reúno coisas relativas ao meu desejo. – Quando rezo pelo meu desejo. – Quando comemoro algo que me agrada.	Você SÓ pode INCLUIR

Observe que quando você diz "não" a alguma coisa, está simplesmente dando atenção, energia e concentração a essa coisa. Nesse momento, isso também é incluído em seu Campo Vibracional. Dedicar *qualquer forma de atenção* a alguma coisa faz com que isso seja incluído em sua vibração atual.

Reflita por um instante...

O que estou incluindo em meu Campo Vibracional?

Duas ferramentas para intensificar sua vibração e alimentar o seu desejo

Uma das chaves para fazer a Lei da Atração trabalhar a seu favor é manter os seus desejos em sua vibração atual, ou seja, em seu Campo Vibracional.

Nas próximas páginas, vou explicar como afirmações podem ajudá-lo, ou não, a incluir o seu desejo em seu Campo Vibracional e vou lhe dar uma ferramenta fantástica para auxiliá-lo na tarefa de reformular as palavras de suas afirmações para que elas funcionem efetivamente. Além disso, vou lhe apresentar uma outra ferramenta que chamo "Afirmação do Desejo". Essa ferramenta, sem dúvida eficaz, pode lhe dar a certeza de estar incluindo o seu desejo em seu Campo Vibracional e mantendo-o dentro dele. Ela é particularmente útil quando estamos lidando com desejos novos que podem ser esquecidos se não lhes dermos atenção consciente.

Antes, porém, é preciso explicar por que a utilização das afirmações pode não aumentar sua vibração.

Por que a utilização das afirmações pode não aumentar sua vibração?

Uma afirmação é uma frase enunciada no presente e usada para declarar um desejo. Dizer "Tenho um corpo esguio que me agrada" é um exemplo de afirmação positiva.

Sempre que ler a sua afirmação, você terá uma reação baseada no sentimento que as palavras provocam em você. Lembre-se de que a Lei da Atração responde às vibrações que você emite baseado em seus sentimentos, e não nas palavras específicas que está usando. Se, por exemplo, você disser consigo mesmo que tem um corpo esguio que o agrada, e este não for o caso, ou quando ter um corpo esguio que o agrada lhe parecer alguma coisa inatingível, você estará criando vibrações negativas. Você vai emitir uma vibração de dúvida (uma vibração negativa) e a Lei da Atração vai responder a ela, dando-lhe mais dessa mesma coisa, embora você não esteja querendo isso.

Uma afirmação positiva pode ter uma vibração negativa. A maioria das afirmações não funciona porque a Lei da Atração não responde às palavras, mas sim ao sentimento provocado em você pelas palavras utilizadas.

A seguir, você vai encontrar uma lista de afirmações positivas. Depois de ler cada frase, pergunte a si mesmo que vibração você está emitindo, negativa ou positiva.

– Todas as minhas relações de família são harmoniosas.
– Amo meu corpo.
– Sou milionário.
– Meus negócios estão indo de vento em popa.
– Tenho uma saúde ideal.
– Tenho um companheiro perfeito.

Pergunta: *Quando essas afirmações vão propiciar uma vibração positiva?*

Resposta: *Quando elas forem verdadeiras para você!*

Quando você afirma algo que não é verdade para você, estará emitindo uma vibração negativa, pois a frase ativa dúvidas em você. Ao fazer tal afirmação, parte de você vai dizer:

– Não é verdade. Minhas relações de família não são harmoniosas.

– Não é verdade. Não amo o meu corpo.

– Não é verdade. Ainda não sou milionário.

– Não é verdade. Meus negócios não estão indo de vento em popa.

– Não é verdade. Não tenho uma saúde ideal.

– Não é verdade. Não tenho um companheiro perfeito.

A chave para o sucesso com as afirmações é que elas precisam ser verdadeiras para você, pois só assim farão com que você se sinta bem. A seguir, vou lhe dar uma ferramenta para ajudá-lo a reformular uma afirmação de forma que ela seja SEMPRE verdadeira para você e permita, portanto, que você emita uma vibração positiva.

Ferramenta 1: Reformulando suas afirmações para que elas sejam verdadeiras para você

Alguns de vocês aprenderam que as afirmações devem ser sempre feitas no tempo presente. Aqui, estou sugerindo que você está em processo. "O processo" (o processo de realização) começa realmente quando você pensa em seu desejo, fala sobre ele, escreve sobre ele, ou quando lhe dá QUALQUER forma de atenção, energia e concentração. Então, a verdade é que você ESTÁ nesse processo. Quando você diz "Estou em processo...", a frase se torna verdade e, se é verdade para você, soa bem aos seus ouvidos, faz você se sentir bem e emitir uma vibração positiva.

Vamos retomar as afirmações anteriores, começando cada uma das frases com a expressão "Estou em processo de...":

– Estou em processo de atrair relações de família harmoniosas.

– Estou em processo de gostar cada vez mais do meu corpo.

– Estou em processo de me tornar mais próspero.

– Estou em processo de crescer nos negócios.

– Estou em processo de ter a saúde ideal.

– Estou em processo de atrair o companheiro perfeito.

Agora todas essas afirmações são verdadeiras para você! Quando uma afirmação é verdadeira para você, ela soa bem aos seus ouvidos. Quando isso acontece, você emite uma vibração positiva à qual a Lei da Atração responde, dando-lhe mais dessa mesma coisa.

Reflita por um instante...

A Lei da Atração responde aos sentimentos que você experimenta em relação ao que diz e ao que pensa.

Ferramenta 2: A ferramenta da Afirmação do Desejo

A Afirmação do Desejo é uma ferramenta eficaz para intensificar sua vibração e constitui o segundo dos três passos do processo da Atração Consciente. Uma vez que você já tem Clareza quanto ao que quer, escrever uma Afirmação do Desejo vai ajudá-lo a dar atenção a esse desejo. Lembre-se, a Lei da Atração expressa aquilo a que você dá atenção, energia e concentração para que você tenha mais dessa mesma coisa, e é exatamente isso que a Afirmação do Desejo vai fazer.

Você pode dizer, por exemplo, "Quero ter minha própria casa". Nesse momento, a Lei da Atração está orquestrando circunstâncias e eventos para realizar isso para você. No entanto, se você for como a maioria das pessoas, provavelmente vai se autossabotar dizendo que não tem condições de comprar essa casa. Com isso, estará emitindo uma vibração de falta e é a isso que a Lei da Atração vai responder.

Depois que escrever sua Afirmação do Desejo, você vai experimentar sentimentos de entusiasmo, confiança e esperança, e todos eles são sinais de que a sua vibração foi intensificada — você vai saber disso pelo modo como se sente.

A Afirmação do Desejo contém três elementos:

- A frase de abertura
- O conteúdo (sua lista de Clareza, do Primeiro Passo)
- A frase de encerramento

A seguir, vou lhe ensinar a usar esses três elementos para criar sua Afirmação do Desejo.

Como criar uma Afirmação do Desejo

Afirmação do Desejo: frase de abertura

Estou em processo de atrair tudo aquilo que preciso fazer, saber ou ter para atrair o meu desejo ideal.

Afirmação do Desejo: conteúdo

Use as afirmações de sua lista de Clareza, combinando--as com as frases seguintes:

Adoro saber que o meu .... ideal ....
Adoro como me sinto quando ....
Decidi ....
Cada vez mais ....
Fico entusiasmado só de pensar que ....
Adoro a ideia de ....
Adoro me ver ....

Exemplos:
Adoro saber que o meu companheiro ideal mora na mesma cidade que eu.
Adoro como me sinto quando faço um depósito bancário para minha própria empresa.
Fico entusiasmado só de pensar que vou viajar com meu companheiro ideal.
Adoro a ideia de ter uma clientela sólida.
Adoro me ver fazendo escolhas alimentares saudáveis.

As frases anteriores permitem que você fale sobre o seu desejo sabendo que tudo isso é verdade para você. Você REALMENTE adora saber de tal coisa, ou adora a ideia de outra, ou adora se ver de tal jeito etc. etc. Assim, você está emitindo uma vibração positiva com relação ao seu desejo e incluindo essa vibração em seu Campo Vibracional. É importante usar a palavra ideal nessas frases. As referências a um companheiro ideal, a uma saúde ideal ou a uma carreira ideal permitem que você fale disso agora, e, com isso, você pode incluí-los em sua vibração atual. Lembre-se de que o objetivo da Afirmação do Desejo é ajudá-lo a incluir o seu novo desejo em seu Campo Vibracional.

Perceba a diferença de vibração entre:

Adoro saber que o meu relacionamento ideal está crescendo e se desenvolvendo

e

Meus relacionamentos estão crescendo e se desenvolvendo.

Na primeira afirmação, você está dizendo que o seu relacionamento *ideal* está crescendo e se desenvolvendo e isso se aplica tanto ao caso de você estar vivendo uma relação ou não. Sua vibração é positiva. Mais uma vez, você não está afirmando que tem um relacionamento *ideal* neste exato momento, mas sim dizendo que sabe claramente que deseja os atributos que constituem o seu relacionamento ideal.

A segunda afirmação declara que seus relacionamentos já estão crescendo e se desenvolvendo. Se não for verdade para você, surgirão dúvidas e estas geram uma vibração negativa.

Afirmação do Desejo: frase de encerramento

A Lei da Atração está se expandindo e orquestrando tudo o que precisa acontecer para que o meu desejo se realize.

Exemplos de Afirmações do Desejo completas

Antes de escrever a sua própria Afirmação do Desejo, vejamos os exemplos de Janice e de Greg. Lembre-se de que o primeiro passo de ambos foi construir uma lista de Oposições (coisas de que eles não gostam) que os ajudou a ter Clareza quanto aos seus desejos. Vamos ver as listas de Janice e Greg no exercício para obter Clareza através da Oposição.

Exercício para obter Clareza através da Oposição

Janice: Meu relacionamento ideal

"Então, o que eu realmente quero?"

Oposição Coisas de que não gosto Lado A	Clareza Coisas de que gosto Lado B
~~1. Homem controlador.~~	1. Homem flexível, equilibrado.
~~2. Que não sabe ouvir.~~	2. Que é ótimo ouvinte.
~~3. Que não é carinhoso.~~	3. Que é carinhoso, sensível.
~~4. Que não liga para o que penso ou como me sinto.~~	4. Que pergunta o que acho e como me sinto com relação às coisas.
~~5. Que não é sociável.~~	5. Que gosta de encontrar meus amigos e se diverte com eles.
~~6. Que não gosta de viajar.~~	6. Que gosta de sair, adora viagens curtas ou longas, gosta de aventura e de explorar lugares novos junto comigo.
~~7. Que fica sempre me apressando.~~	7. Que é paciente e deixa as coisas acontecerem no seu tempo.
~~8. Que toma decisões sem me consultar.~~	8. Que pede minha opinião na hora de decidir alguma coisa.
~~9. Que não gosta de cinema ou de sair para dançar.~~	9. Que gosta de teatro, cinema, adora música ao vivo, se divertir e sair para dançar.

Para construir sua Afirmação do Desejo, Janice pegou sua lista de Clareza e a inseriu no modelo de Afirmação do Desejo.

Afirmação do Desejo de Janice: Meu relacionamento ideal

Frase de abertura

Estou em processo para atrair tudo o que preciso fazer, saber ou ter para atrair meu relacionamento ideal.

Conteúdo

Adoro a sensação de saber que o meu relacionamento ideal é com um homem flexível e equilibrado. Ele é um ótimo ouvinte e gosta muito de conversar.

Adoro a sensação de saber que o meu companheiro ideal é carinhoso e sensível, e pergunta como me sinto em relação às coisas. Adoro essas perguntas porque elas fazem com que me sinta participando das ocasiões em que há decisões a serem tomadas.

Adoro saber que o meu companheiro ideal gosta de sair com meus amigos e está sempre querendo que isso aconteça. Meu companheiro e eu gostamos de fazer viagens curtas e longas juntos, curtir viagens e férias que nos deixam mais próximos um do outro.

Decidi que o meu parceiro ideal é paciente, cuidadoso, gentil e deixa que as coisas aconteçam a seu tempo. É fantástico o meu companheiro ideal me perguntar o que acho e como me sinto com relação às coisas, e ter com ele conversas equilibradas de que ambos participamos. Adoro perguntar as opiniões do meu companheiro e adoro que ele faça a mesma coisa.

Fico entusiasmada só de pensar em curtir teatros, cinemas, shows e sair para dançar com meu companheiro ideal. Adoro ser admirada por meu companheiro ideal e adoro que ele goste de ser admirado. Ele é otimista e adora ser elogiado. Ele é prestativo e tolerante.

Frase de encerramento

A Lei da Atração está se expandindo e orquestrando tudo o que precisa acontecer para que o meu desejo se realize.

Exercício para obter Clareza através da Oposição

Greg: Minha situação financeira ideal

"Então, o que eu realmente quero?"

Oposição Coisas de que não gosto Lado A	Clareza Coisas de que gosto Lado B
~~1. O dinheiro não dá.~~	1. Há dinheiro em abundância.
~~2. Há sempre contas a pagar.~~	2. Sempre pago as contas rapidamente e com facilidade.
~~3. Mal consigo fechar o mês.~~	3. Sempre tenho dinheiro sobrando.
~~4. Não posso comprar nada que eu queira.~~	4. Sempre tenho dinheiro para comprar tudo o que quiser.
~~5. Não sei ganhar dinheiro.~~	5. Tenho uma entrada de dinheiro constante vindo de várias fontes.
~~6. Nunca tenho dinheiro suficiente para nada.~~	6. Ganho prêmios, presentes e brindes com frequência.
~~7. Acabo sempre recebendo a mesma quantia.~~	7. Aumento constantemente a quantidade de dinheiro que recebo de fontes conhecidas e desconhecidas.
~~8. Na minha família, o dinheiro nunca vem fácil.~~	8. O dinheiro chega fácil às minhas mãos.
~~9. É sempre uma luta pagar o aluguel.~~	9. Pago o aluguel com facilidade, já que sempre há dinheiro.
~~10. Dinheiro é uma coisa que me deixa estressado.~~	10. Minha relação com o dinheiro é muito boa.

Afirmação do Desejo de Greg: Minha situação financeira ideal

Frase de abertura

Estou em processo para atrair tudo o que preciso fazer, saber ou ter para atrair minha situação financeira ideal.

Conteúdo

Adoro saber que a minha situação financeira ideal me permite ter e curtir tudo aquilo de que preciso e tudo o que desejo para trazer mais alegria e liberdade à minha vida.

A abundância é um sentimento e adoro me sentir cercado por ele. Adoro saber que todas as minhas contas são pagas com alegria, tendo consciência de que esta cobrança representa uma troca, e que o dinheiro está sendo usado para honrar essa troca.

Fico entusiasmado só de pensar num fluxo constante de dinheiro chegando até mim de fontes conhecidas e desconhecidas.

Adoro saber que a minha situação financeira ideal me traz conforto e a certeza de que posso viajar para onde quiser, comprar onde quiser e ter qualquer coisa que faça eu me sentir ótimo.

Cada vez mais ganho presentes, prêmios, e recebo tudo o que preciso de fontes conhecidas e desconhecidas.

Adoro a ideia de empregar dinheiro em excelentes investimentos.

Frase de encerramento

A Lei da Atração está se expandindo e orquestrando tudo o que precisa acontecer para que o meu desejo se realize.

Como criar a sua Afirmação do Desejo

Agora é a sua vez de criar sua própria Afirmação do Desejo.

Use os itens que compõem a sua lista de exercício para obter Clareza através da Oposição e construa com eles o conteúdo de sua Afirmação do Desejo no exercício a seguir.

Já lhe forneci as frases de abertura e de encerramento. Tudo o que você tem a fazer é preencher o corpo da afirmação.

Use algumas das seguintes frases, ou todas elas, para descrever o seu desejo ideal:

Adoro saber que o meu .... *ideal* ....
Adoro como me sinto quando ....
Decidi ....
Cada vez mais ....
Fico entusiasmado só de pensar que ....
Adoro a ideia de ....
Adoro me ver ....

Exercício da Afirmação do Desejo

Afirmação do Desejo:
Meu/Minha .... ideal

Estou em processo para atrair tudo o que preciso fazer, saber ou ter para atrair meu/minha .... ideal

....
....
....
....
....
....

A Lei da Atração está se expandindo e orquestrando tudo o que precisa acontecer para que o meu desejo se realize.

COMO SABER SE ESTOU FAZENDO TUDO CERTO?

Quando acabar de escrever, leia sua Afirmação do Desejo. Depois, procure perceber como está se sentindo. Você escuta uma vozinha negativa ou experimenta um sentimento desconfortável? A sua Afirmação do Desejo faz com que você se sinta ótimo? Se não for assim, reveja a sua afirmação até se sentir melhor (aumente a sua vibração positiva) lendo o que escreveu. Lembre-se de que o objetivo da Afirmação do Desejo é aumentar sua vibração para permitir que você inclua o seu novo desejo em seu Campo Vibracional.

Encerrando o Segundo Passo: Dê atenção ao seu desejo (Acredite)

Você completou a segunda etapa da Atração Consciente: Dar atenção ao seu desejo.

Aqui está um resumo dos temas tratados neste capítulo:

— O seu Campo Vibracional contém todas as suas vibrações atuais.
— Você precisa incluir a vibração de seu novo desejo no seu atual Campo Vibracional.
— Uma Afirmação do Desejo ajuda você a incluir a vibração de seu desejo em seu Campo Vibracional.
— O objetivo do Segundo Passo é dar atenção ao seu desejo.
— Você aumenta a sua vibração quando dedica atenção, energia e concentração ao seu desejo.
— Quando suas afirmações não são verdadeiras para você, elas podem provocar sentimentos desagradáveis.
— A Lei da Atração responde ao modo como você se sente com relação às suas afirmações.

Agora que você completou o Primeiro e o Segundo Passos da fórmula da Lei da Atração, é hora de recorrer ao Terceiro Passo: Permitir.

Terceiro Passo: Permita que ele se realize (Receba)

É TUDO UMA QUESTÃO DE PERMITIR

Talvez alguns de vocês estejam dizendo: "Já tive desejos no passado, fiquei entusiasmado com isso e nada aconteceu." Lembre-se de que a Atração Consciente é um processo de três passos.

Você identificou o seu desejo e dedicou atenção a ele. O Terceiro Passo no processo da Atração Consciente é "Permitir". Vamos ver de que se trata.

Permitir é simplesmente a ausência de vibrações negativas, e a dúvida é uma vibração negativa. Permitir é o mais importante dos três passos do processo da Atração Consciente. Um de meus clientes, Danny, me perguntou por que ele não atraía seus desejos. Tinha feito uma longa lista de Clareza para seus clientes ideais e também uma Afirmação do Desejo impressionante, que parecia ótima. Então por que ele não atraía seus desejos?

O processo não funcionava para Danny porque não bastava que ele identificasse o seu desejo e realmente o desejasse. Ele precisava ainda eliminar qualquer dúvida que rondasse sua crença de que efetivamente o atrairia. Esse processo de eliminação das dúvidas é chamado Permitir.

Você já deve ter ouvido a expressão "Deixe as coisas acontecerem". Dizer isso a si mesmo não vai ajudá-lo a Permitir. Se você duvida de que pode ter algo, está emitindo uma vibração negativa. Essa vibração negativa está diluindo ou anulando a vibração positiva de seu desejo. Em outras palavras, desejar fortemente (vibração positiva) e duvidar fortemente (vibração negativa) anulam-se mutuamente. Portanto, Permitir só acontece na ausência da dúvida.

Você sabe que está Permitindo algo quando se ouve dizer coisas como:

– Ah, que alívio!
– Sabe, talvez eu possa ter isso.
– Agora isso parece possível.

Em todas as três expressões citadas acima, o que está efetivamente sendo descrito é o sentimento que você experimenta quando a vibração negativa é eliminada.

A maioria das pessoas diz que Permitir é o mais difícil dos passos da fórmula da Lei da Atração. Na verdade, este não é o passo mais difícil, é apenas o menos compreendido. A maioria das pessoas não entende como pode Permitir e fica frustrada quando ouve alguém dizer "Deixe as coisas acontecerem".

Neste capítulo, vou lhe dar umas ferramentas que vão ajudá-lo a Permitir.

Reflita por um instante...

Permitir é a ausência de vibrações negativas (dúvidas).

O JOGO DO PERMITIR

Para ajudá-lo a compreender a importância do Permitir, aqui está um modelo ilustrado por meio de um simples jogo de criança.

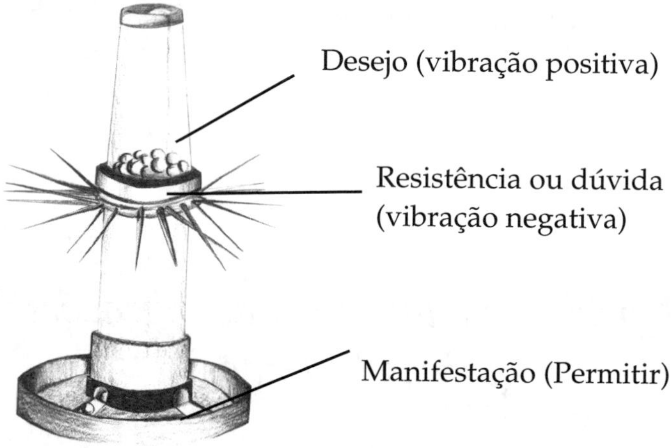

Uma certa quantidade de bolinhas está apoiada em varetas entrecruzadas dentro de um cilindro transparente. As varetas representam a resistência/dúvida; as bolas de gude representam o desejo; as bolas que caem representam a manifestação (o Permitir).

Durante o jogo, as varetas são removidas permitindo que algumas bolinhas caiam na base do cilindro.

Como você pode ver na ilustração, a única maneira de as bolinhas caírem é a retirada das varetas. Da mesma forma, desejar fortemente alguma coisa não basta: só quando a sua resistência é removida, o seu desejo se manifesta. Quanto mais depressa a sua resistência/dúvida for removida, mais depressa o seu desejo poderá se realizar.

Em outras palavras, a rapidez com que a Lei da Atração manifesta o seu desejo é diretamente proporcional à sua capacidade de Permitir.

Eis aqui duas perguntas para você refletir:

– Desejar fortemente faz com que o seu desejo se manifeste mais depressa?

– Você precisa eliminar todas as suas dúvidas para o seu desejo se manifestar?

As ilustrações a seguir vão responder a essas perguntas.

O poder do Permitir

Desejar fortemente com fortes dúvidas significa que o seu desejo não vai se manifestar.

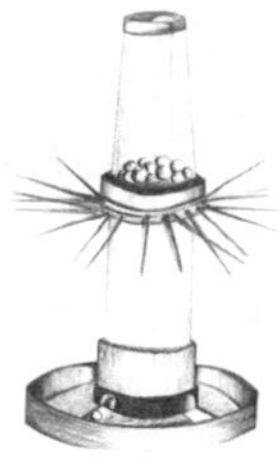

Desejar fortemente com apenas uma pontinha de dúvida significa que o seu desejo vai se realizar, mas não rapidamente.

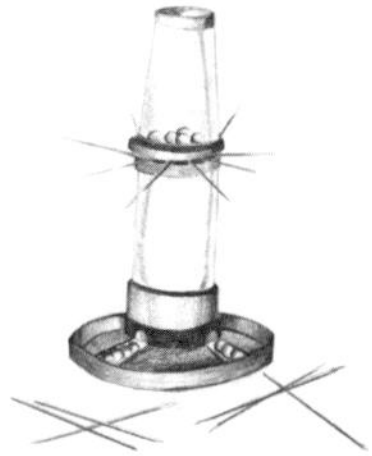

Desejar fortemente sem qualquer dúvida significa que o seu desejo vai se manifestar prontamente.

Reflita por um instante...

A rapidez com que a Lei da Atração manifesta o seu desejo é diretamente proporcional à sua capacidade de Permitir.

Embora estejam sorrindo, esses compradores de bilhetes de loteria têm dúvidas quanto à possibilidade de ganhar.

Se você deseja fortemente e duvida fortemente, o seu desejo vai se realizar bem lentamente, se é que vai. A rapidez com que você vai ganhar na loteria (o seu desejo) é determinada pelas dúvidas que você tem ou não. Você tem dúvidas?

De onde vem a dúvida?

A fonte mais comum da dúvida (vibração negativa) são as suas próprias crenças limitadoras.

O que é uma crença limitadora?

Uma crença limitadora é um pensamento repetitivo que lhe ocorre sistematicamente, sem parar. Quando os seus pensamentos consistem numa crença limitadora, você fica constantemente emitindo uma vibração negativa. Essa vibração impede que você atraia o seu desejo. A frase "Tenho que trabalhar duro para conseguir dinheiro" emite uma vibração de falta, e esta o impede de obter o que você quer.

Como identificar suas crenças limitadoras?

Eis uma forma simples de identificar suas crenças limitadoras. Elas são geralmente encontradas depois que você pronuncia a palavra *porque*, como na frase "Não posso porque...".

Veja alguns exemplos:

– Gostaria de escrever um livro, mas não posso porque só estudei até a 8ª série.
– Gostaria de abrir o meu próprio negócio, mas não posso porque estou velho demais para isso.

– Gostaria de ter um corpo mais esbelto, mas é difícil demais porque todo mundo na minha família é gordo.

– Gostaria de encontrar um companheiro ideal, mas não posso porque estou gordo demais, velho demais, sou tímido demais etc.

Vamos retomar nossos dois estudos de caso, com Janice e Greg. O desejo de Janice era atrair o relacionamento ideal. Ela se viu dizendo que não podia fazer isso porque já estava muito velha. E Greg se viu dizendo que não podia ter boas condições financeiras porque vinha de uma família pobre.

Quais são, então, as suas crenças limitadoras? Quando você se pegar dizendo a palavra *porque,* pode ter a certeza de que acabou de descobrir uma de suas crenças limitadoras.

A seguir, você vai aprender como usar ferramentas que vão ajudá-lo a modificar suas crenças limitadoras.

Reflita por um instante...

Permitir é a ausência de vibração negativa. A dúvida é uma vibração negativa, e ela é geralmente criada por crenças limitadoras.

Uma ferramenta que vai ajudá-lo a Permitir

Há inúmeras ferramentas para Permitir. A primeira que vamos explorar são as Afirmações que Permitem. O objetivo das Afirmações que Permitem é reduzir ou eliminar qualquer dúvida que o esteja impedindo de obter o que deseja. Depois de fazer suas Afirmações que Permitem, você vai experimentar uma sensação de alívio. Ou seja, você vai acreditar que atrairá efetivamente o seu desejo. Acreditar também é a ausência de dúvida, assim como ter fé.

Duas formas de saber que você Permitiu

Lembre-se de que Permitir é a ausência de vibrações negativas, e há duas maneiras de você saber que está permitindo:

- Primeiro você pode saber disso pelo jeito como se sente. Quando elimina um sentimento negativo de resistência, a maioria das pessoas experimenta uma sensação de alívio ou se ouve dizendo: "Ah, assim está muito melhor!"
- A segunda maneira é reparando quando a manifestação aparece em sua vida. Quando a evidência estiver se manifestando em sua vida, você saberá que está permitindo.

Você vai aprender agora a modificar seus pensamentos, transformando-os em positivos. A constante reafirmação desses novos pensamentos, sempre repetidos, criará então as suas novas crenças. Lembre que uma crença limitadora é simplesmente um pensamento repetitivo que você fica reproduzindo incessantemente, e que, portanto, qualquer crença pode ser modificada.

Fórmula para criar Afirmações que Permitem

Sempre que se pegar expressando uma crença limitadora (ou tendo dúvidas), você pode usar essa fórmula para ajudá-lo a criar uma Afirmação que Permite e, com ela, você será capaz de reduzir ou eliminar a sua dúvida.

Escrever sua Afirmação que Permite é bastante simples.

– Comece perguntando a si mesmo se, neste momento, existe alguém fazendo o que você quer fazer ou tendo o que você quer ter.

– Se a resposta for afirmativa, pergunte-se quantas pessoas estavam fazendo isso hoje, ontem, na semana passada, no mês passado, no ano passado.

– Escreva as suas afirmações em termos gerais (na 3ª pessoa) porque a referência direta a você pode gerar mais dúvidas.

– Cuide para que as afirmações sejam plausíveis.

Aqui está um exemplo de como criar Afirmações que Permitem para as seguintes crenças limitadoras:

Crença limitadora 1:

Gostaria de ter um corpo mais esbelto, mas não posso porque todo mundo na minha família é gordo.

Pergunta: *Existe alguém no planeta que tenha um corpo diferente do padrão dos outros membros da própria família?*
Resposta: *Existe.*

Pergunta: *Quantas pessoas são assim hoje? Quantas eram assim ontem? Na semana passada? No mês passado? No ano passado?*

Afirmação que Permite

Milhares de pessoas, mesmo no meu bairro, têm corpos diferentes do padrão dos outros membros da própria família. Existem milhões de homens no planeta que são mais magros do que seu pai ou seu irmão.

A frase é formulada em termos gerais, na 3ª pessoa, para evitar fazer referência direta a você mesmo.

Crença limitadora 2:

Gostaria de abrir o meu próprio negócio, mas não posso porque já estou com cinquenta anos!

Pergunta: *Há alguém da minha idade neste planeta que tenha aberto o seu próprio negócio?*

Resposta: *Há.*

Pergunta: *Então, quantas pessoas fizeram isso hoje? Ontem? Na semana passada? No mês passado? No ano passado?*

Afirmação que Permite

Neste exato momento, há centenas de pessoas na casa dos cinquenta que estão abrindo seus negócios e administrando-os com sucesso. Há milhões de pessoas com cinquenta anos ou mais que são donos de negócios bem-sucedidos.

Não se esqueça: escreva sua Afirmação que Permite em termos gerais (na 3ª pessoa), pois a referência direta a você mesmo pode gerar mais dúvidas.

Vamos voltar agora a Janice e Greg para ver como eles criaram as suas Afirmações que Permitem.

Como você se lembra, Janice anda cansada e frustrada porque sempre se interessa pelo cara errado. Ela se queixa dizendo que atrai homens que não estão disponíveis, que são insensíveis, e que nunca fazem dela a prioridade de suas vidas.

Janice vem usando a Atração Consciente para ajudá-la a atrair o relacionamento ideal. Ela tem Clareza quanto aos seus desejos e já está utilizando uma Afirmação do Desejo. Como se trata de um novo desejo, ela precisa reduzir a dúvida para poder recebê-lo. E faz isso criando Afirmações que Permitem.

Janice: Afirmações que Permitem para o meu relacionamento ideal

– Centenas de pessoas encontraram um companheiro ideal no mês passado.

– Milhares de pessoas estão saindo hoje pela primeira vez com uma pessoa que vai se tornar seu companheiro ideal pelo resto da vida.

– Centenas de milhares de casais estão curtindo a companhia um do outro hoje.

– Milhões de casais vivem um relacionamento que consideram ideal.

– A cada dia, mais e mais pessoas estão atraindo seu companheiro ideal.

– Milhões de casais têm uma vida social em conjunto, e isso inclui viagens e férias.

– Centenas de milhares de casais vão sair para dançar esta semana.

Ao ler suas Afirmações que Permitem, Janice começa a ter esperança e suas dúvidas diminuem. Agora, a Lei da Atração pode responder ao desejo de Janice: encontrar um relacionamento ideal.

Você se lembra de Greg? É o consultor comercial autônomo que mal consegue fechar as contas no fim do mês. Está sempre se queixando de que o dinheiro não dá para nada. Na verdade, ele diz que anda estressadíssimo com sua situação financeira.

Greg tem usado a Atração Consciente para ajudá-lo a atrair sua situação financeira ideal. Ele tem Clareza quanto aos seus desejos e já está utilizando uma Afirmação do Desejo. Como se trata de um desejo novo, ele precisa reduzir e eliminar as dúvidas para que a realização possa se manifestar. E faz isso criando Afirmações que Permitem.

Greg: Afirmações que Permitem para a minha situação financeira ideal

– Milhões de pessoas estão recebendo cheques hoje.
– A cada dia, bilhões de dólares são movimentados de uma conta bancária para outra.
– Alguém acaba de receber um cheque neste exato momento.
– Centenas de milhares de pessoas ganham prêmios e dinheiro todo dia.
– Alguém se tornou milionário ontem.
– Milhões de dólares são herdados todo dia.
– Alguém encontrou dinheiro hoje.
– Tem cada vez mais gente atraindo meios criativos de obter uma renda extra.

Ao ler suas Afirmações que Permitem, Greg começa a ter esperança e suas dúvidas se reduzem. Agora, a Lei da Atração pode responder ao desejo de Greg, que é o de atingir sua situação financeira ideal.

Como criar sua própria Afirmação que Permite

Já é hora de você criar a sua própria Afirmação que Permite. Ela é usada quando você se ouve fazendo afirmações de dúvida. Faça uma lista dessas dúvidas. Você pode se pegar dizendo "Não posso ter isso porque..." ou "Isso não vai acontecer comigo porque...".

Você pode utilizar o exercício de Afirmações que Permitem, a seguir, para ajudá-lo a construir suas próprias afirmações.

1° Passo: Revelar a dúvida

Releia a sua Afirmação do Desejo e use isso para revelar qualquer dúvida que perceba como resultado dessa leitura. Se a sua Afirmação do Desejo diz, por exemplo, que o seu emprego ideal lhe permite trabalhar meio período e você ouvir uma vozinha interior dizendo "Isso nunca vai acontecer porque...", pronto: anote a sua dúvida.

2° Passo: Faça essas perguntas a si mesmo

Comece perguntando a si mesmo se, neste momento, existe alguém fazendo o que você quer fazer ou tendo o que você quer ter. Se a resposta for afirmativa, pergunte quantas pessoas fizeram isso hoje, ontem, na semana passada, no mês passado, no ano passado.

3° Passo: Escreva o seu texto em termos gerais (na 3ª pessoa)

Escreva as suas afirmações em termos gerais porque a referência direta a você mesmo pode gerar mais dúvidas. Cuide para que as afirmações sejam plausíveis.

Afirmações que Permitem para meu/minha ...... ideal

....
....
....
....
....
....
....
....
....

Reflita por um instante...

Há duas maneiras de saber quando você está Permitindo. Primeiro, você experimenta uma sensação de alívio e muitas vezes se ouve dizendo "Ah, ficou muito melhor assim!" Segundo, você vê evidências de sua manifestação aparecendo em sua vida.

Mais ferramentas para ajudá-lo a Permitir

Além das Afirmações que Permitem, você ainda pode utilizar algumas ferramentas adicionais:

1. Celebre a evidência da prova.
2. Registre sua prova da Lei da Atração.
3. Aprecie e seja grato.
4. Use a expressão "Estou em processo...".
5. Use a expressão "Decidi...".
6. Use a expressão "Muita coisa pode acontecer...".
7. Peça informação.
8. Faça sua própria Caixa de Atração.
9. Crie um Vazio ou um Vácuo.
10. Permita que a Lei da Atração resolva tudo.

Reflita por um instante...

Lembre-se: é a ausência de vibrações negativas que vai trazer o seu desejo mais depressa.

Ferramenta 1: Celebre a evidência da prova

Lembre-se de que, para que o seu desejo se manifeste, você precisa eliminar a dúvida. A dúvida é o que impede o seu desejo de chegar até você. A melhor maneira de eliminar a dúvida é encontrar a prova. Os cientistas, por exemplo, só acreditam em algo depois que isso foi provado. Como a maioria de nós. Quando alguém prova alguma coisa, quase sempre dizemos: "Tudo bem. Agora acredito. Posso ver a prova." Veja como usar a prova (evidência) em seu benefício.

Você já reparou se fica entusiasmado quando algo que deseja começa a aparecer em sua vida, mesmo que seja em dose mínima? Por exemplo, você atrai uma informação que andava procurando, ou encontra alguém que parece bem próximo de ser o seu companheiro ideal ou o seu cliente ideal. Tudo isso é prova (evidência) de que a Lei da Atração está atuando em sua vida.

É importante ver como você observa a prova (evidência) da Lei da Atração. Em alguns casos, as pessoas podem dizer "Ah, não era exatamente isso que eu estava querendo", ou "Não é exatamente o tipo de pessoa que eu estava procurando", ou ainda "É quase, mas não é bem isso". Dizer ou pensar esse tipo de coisa cria uma vibração negativa.

Quando você encontrar e vivenciar a prova (evidência) da Lei da Atração, festeje esse fato, tendo consciência de como está perto de obter o que deseja. É na celebração desse "estar perto" do seu desejo que você emite mais vibrações daquilo que deseja, e, nesse momento, a Lei da Atração estará respondendo à sua vibração. Lembre que a Lei da Atração não quer saber se você está recordando, fingindo, brincando, criando, se queixando ou se preocupando. Ela simplesmente responde à sua vibração e manda mais dessa mesma coisa. Portanto, encontre a prova e fique feliz com isso.

Janice, que está usando a Lei da Atração para atrair o companheiro ideal, é um ótimo exemplo de como essa ferramenta pode ser utilizada para reduzir as dúvidas.

Pouco depois de completar sua Afirmação do Desejo e começar a utilizar as ferramentas para Permitir, ela conheceu um homem que estava visitando sua cidade. Os dois se entenderam de cara. Tinham muitas coisas em comum, incluindo a paixão por música, teatro e cinema. Janice ficou realmente impressionada ao ver como ele era comunicativo e animado. Três dias mais tarde, ela me telefonou e pude perceber o desapontamento em sua voz. Ela dedicou muito tempo e atenção para me falar de como estava desapontada por ele ser de outro país (incluindo, portanto, o que ela não queria em seu Campo Vibracional). Mas eu sabia como aquele homem estava próximo do que ela desejava e ela não tinha consciência disso. Minha tarefa era ajudá-la a incluir todas essas vibrações positivas em seu Campo Vibracional.

Descrevo, aqui, como utilizei essa ferramenta com Janice. Simplesmente pedi a ela que me dissesse tudo o que a tinha deixado entusiasmada com relação a esse homem. Em outras palavras, as coisas que estavam em sua Afirmação do Desejo e que a deixavam feliz. Mais que depressa, ela fez uma lista que incluía os dotes comunicativos do rapaz, seu amor por música, teatro e cinema, seus valores, o fato de ela se sentir muito bem ao seu lado. Janice pôde perceber que a sua vibração aumentou no momento em que começou a fazer aquela lista. Descobrir e celebrar o "estar perto" da realização alterou sua vibração imediatamente. Assim que ela começou a lembrar as coisas positivas e reparou como tudo aquilo se aproximava do que ela desejava, voltou a incluir essa vibração em seu Campo Vibracional.

E, como você sabe, é a isso que a Lei da Atração responde!

Ferramenta 2: Registre a prova da Lei da Atração

Fazer um diário ou um Livro de Provas da Lei da Atração vai ajudá-lo a acreditar mais, a ficar mais entusiasmado, a permitir mais e a confiar mais. Independentemente do tamanho da manifestação (por exemplo, você encontra uma moeda de cinquenta centavos ou ganha um prêmio), se for algo que você deseja, anote isso! Registre a sua prova e aumente assim a sua vibração.

Encontrar provas diminui as dúvidas. Lembre que, sempre que alguém lhe provou alguma coisa, as suas dúvidas se dissiparam imediatamente. Você já deve ter se ouvido dizer: "AGORA acredito nisso!"

Quando tiver registrado uma ou duas páginas de provas, você perceberá como a Lei da Atração está efetivamente atuando na sua vida. Usando a Lei da Atração de forma mais consciente, você terá as confirmações que vão ajudá-lo a confiar mais facilmente no processo do Permitir, e, portanto, terá menos dúvidas (resistência). Lembre-se: é a ausência de dúvidas que vai trazer o seu desejo mais depressa.

Assim, sempre que estiver se sentindo em dúvida com relação à Lei da Atração, basta ler o seu Livro de Provas. Essa leitura vai fazer com que você se lembre das evidências que já recebeu e reduzir ou eliminar as suas dúvidas.

Exemplo de como fazer o registro das provas (evidências) no Livro de Provas

Data: ....
Hoje observei esta prova (evidência)

– Encontrei uma nota de cinco reais na rua. – Fui convidado(a) para almoçar hoje. – O vendedor me deu 30% de desconto.	– Houve uma redução na tarifa da luz. – O supermercado perto da minha casa está com ótimas promoções. – Paguei a última prestação da geladeira.

Tendo uma mente analítica (trabalho no mercado financeiro), imaginei que eu seria a pessoa menos indicada para me envolver com a Lei da Atração. Através dos ensinamentos de Michael, porém, aprendi como modificar meus pensamentos e estar aberto e receptivo para novas ideias. Então, começaram a acontecer coisas maravilhosas. Comecei a adotar uma abordagem otimista com relação às situações de trabalho que geralmente me deixariam preocupado. Quando elevei Conscientemente a minha vibração, passando da preocupação a um estado de espírito positivo, feliz, percebi que obtinha resultados — e que eles vinham bem depressa. Se decidia que queria conhecer três clientes novos num dia, era o que acontecia! Uma das maneiras de observar as provas de como a Lei da Atração está atuando a meu favor é o uso do meu Livro de Provas para registrar todos os meus sucessos, sejam eles grandes ou pequenos. Registro quando alguém indica o meu trabalho, quando surge um novo cliente, quando quito uma dívida ou recebo um cheque polpudo e assim por diante. Recorro ao meu livro com frequência — sempre que quero aumentar minha vibração e lembrar a mim mesmo como a Lei da Atração é poderosa.

Ivor John, consultor financeiro.

Reflita por um instante...

Lembre-se de que a Lei da Atração não quer saber se você está lembrando, fingindo, brincando, criando, se queixando ou se preocupando. Ela simplesmente responde ao que está em seu Campo Vibracional. Portanto, encontre a prova, fique feliz com isso e emita uma vibração positiva.

Ferramenta 3: Aprecie e seja grato

Apreciação e gratidão vão ajudá-lo a emitir fortes vibrações positivas. Quando está apreciando algo, você está emitindo um sentimento e uma vibração de pura alegria. Pense numa vez em que você tenha expressado sua gratidão a alguém. Os sentimentos que experimentou foram positivos.

Fazer um diário de apreciação e gratidão é uma ferramenta diária eficaz para manter uma vibração positiva. Quando reserva, propositadamente, um tempo para apreciar cada dia, você está emitindo intencionalmente fortes vibrações positivas e incluindo essas vibrações em seu Campo Vibracional.

Você pode reservar algum tempo para apreciar qualquer coisa. O que importa é o sentimento relacionado à sua apreciação.

Janice, cujo desejo é encontrar o relacionamento ideal, mantém um diário de apreciação. Isso permite que ela reflita sobre as relações de que gosta em sua vida. Eis aqui uns poucos exemplos das declarações de apreciação de Janice:

– Estou grata por ter ido passear com meus novos amigos neste fim de semana.
– Adorei estar com amigos íntimos hoje, no almoço.
– Apreciei ver os meus amigos me dando atenção.
– Adoro ter muitos amigos.

Enquanto pensa nas coisas que aprecia e escreve essas declarações diariamente, Janice está emitindo uma vibração positiva. Simultaneamente, a Lei da Atração está trabalhando para lhe trazer mais daquilo que ela está irradiando em termos "vibracionais".

Reflita por um instante...

Reserve algum tempo para apreciar o que quer que seja. O que importa é o sentimento relacionado à sua apreciação. Apreciação e gratidão ajudam você a emitir fortes vibrações positivas.

Ferramenta 4: Use a expressão "Estou em processo..."

Às vezes, é difícil acreditar que você vai obter o que deseja. Isso é especialmente verdadeiro quando sua concentração está voltada para o fato de você não ter atingido a sua meta. Ao concentrar o pensamento naquilo que não tem, você está emitindo vibrações negativas. Então, em vez disso, sinta alívio dizendo "Estou em processo...".

Dizer que você não tem alguma coisa é uma outra maneira de concentrar o pensamento na falta e gerar uma vibração negativa. Quando se pegar dizendo que ainda não tem alguma coisa, pare e substitua essa ideia pela frase "Estou em processo para atrair...".

Algumas pessoas podem perguntar: "Então quer dizer que não estamos sempre em processo?" A resposta é: Estão sim. Vocês estão sempre em processo para. A Lei da Atração está constantemente se expandindo e orquestrando eventos e circunstâncias para responder à sua vibração e lhe dar mais da mesma coisa. Quando você atrai o que quer que estivesse desejando, uma vez que a realização se manifeste, você vai gerar um novo desejo e vai estar novamente em processo para.

No exato momento em que pensar sobre um novo desejo, falar dele, escrever a seu respeito, inscrevê-lo em seu calendário ou anotá-lo num lembrete colado à geladeira, você estará iniciando o processo para, pois, em todos esses casos, estará dedicando atenção, energia e concentração ao seu novo desejo. Assim sendo, é verdade... você está em processo para!

Eis aqui alguns exemplos de como aplicar essa ferramenta:

Antes: *Ainda não atraí meu companheiro ideal.*
Depois: *Estou em processo para atrair meu companheiro ideal.*

Antes: *Ainda estou esperando pelo emprego ideal.*
Depois: *Estou em processo para obter meu emprego ideal.*

Antes: *Ainda não atingi a minha meta de peso.*
Depois: *Estou em processo para ter um corpo mais esbelto que me agrade.*

Lembre-se de utilizar essa expressão sempre que o seu pensamento estiver concentrado na dúvida, em não ter atingido as suas metas ou obtido a realização dos seus desejos.

Ferramenta 5: Use a expressão "Decidi..."

Outra maneira de reformular suas frases, para que elas emitam uma vibração positiva, é utilizar a expressão "Decidi". Você já reparou que, na maioria dos casos, ao dizer "Decidi" você cria uma forte emoção positiva? "Decidi que vou ter isso" ou "Decidi que vou fazer aquilo". A maior parte das pessoas raramente usa a palavra *decidir*, embora seja uma excelente forma de tirar o seu pensamento da ideia de falta e levá-lo de volta ao seu desejo.

– Decidi que vou ter mais dinheiro na vida.
– Decidi que vou trabalhar três dias por semana.
– Decidi que vou viver um relacionamento feliz e saudável.
– Decidi que vou abrir o meu próprio negócio.
– Decidi que vou atrair meu emprego ideal.

Você deve ter notado que, quando vivencia a Oposição, alguém pode declarar alto e bom som: "Já chega! Decidi que, de agora em diante, as coisas vão ser desse jeito!" Decidir é efetivamente tomar uma decisão e, com essa decisão, você emite a vibração daquilo que quer atrair.

Decida com mais frequência. Você vai experimentar instantaneamente a sensação de alívio gerada pelas emoções positivas que vêm de cada ato de decidir.

Ferramenta 6: Use a expressão "Muita coisa pode acontecer..."

Atendi um indivíduo chamado Jason, que estava utilizando a Lei da Atração para atrair seu cliente ideal. Em suas palavras, eu podia perceber que ele estava tentando determinar de onde viria o seu próximo comprador. Ele dizia coisas como "Parece que passei a vida toda esperando. Quando será que isso vai acontecer?". Embora Jason houvesse completado todo o processo dos Três Passos, parte dele ainda duvidava. As afirmações que fazia sobre o seu próximo cliente tinham uma vibração negativa de falta (dúvida).

Jason despendia muita energia tentando imaginar por que não estava conseguindo o que queria e só reparava que não estava atingindo as suas metas. Como Jason, você provavelmente gasta muito tempo reparando que não atingiu as suas próprias metas.

Aqui estão algumas perguntas que fiz a Jason, para ajudá-lo a passar desse lugar dos objetivos não alcançados para um outro, o das possibilidades.

- Muita coisa pode acontecer nos próximos dias?
- Muita coisa pode acontecer na próxima semana?
- Muita coisa pode acontecer nos próximos trinta dias?

A todas essas perguntas, Jason respondia que sim, entusiasticamente. No momento em que lembrei a ele a frase "Muita coisa pode acontecer", pude perceber o seu alívio. Essa experiência também o ajudou a lembrar-se de outras vezes em que muita coisa aconteceu mesmo que ele duvidasse que isso fosse possível. Utilizar essa frase que Permite ajudou Jason a alterar a sua vibração, passando da falta à abundância, ou de uma vibração negativa a uma positiva.

De agora em diante, sempre que perceber a falta de resultados, concentre-se na possibilidade de que "Muita coisa pode acontecer".

Reflita por um instante...

Dizer a frase "Muita coisa pode acontecer" vai ajudá-lo a lembrar que há infinitas possibilidades com relação a quando e como o seu desejo vai se manifestar. A verdade é que... muita coisa PODE acontecer. Você concorda com isso?

Ferramenta 7: Peça informação

Muitas vezes, quando definimos nossos desejos e ficamos entusiasmados com a ideia de atraí-los, as dúvidas que podemos ter impedem que a Lei da Atração os traga para nós. Se o seu desejo é conseguir uma sólida clientela, por exemplo, você pode duvidar que isso seja possível. Entretanto, você poderia desejar atrair informações que o ajudariam a atingir sua meta. Tente fazer isso. Se você se sentir mais esperançoso depois de pedir essas informações, então as suas dúvidas vão se reduzir, o que permite que a Lei da Atração lhe proporcione os seus desejos mais rapidamente.

Exemplo: Gostaria de atrair mais informações sobre por onde começar com relação ao meu novo desejo.

– Gostaria de começar a atrair informações sobre o meu desejo de dar o pontapé inicial.

– Gostaria que a Lei da Atração me trouxesse mais informações criativas sobre como fazer o meu desejo se realizar.

– Gostaria de atrair mais informações e ideias sobre outras formas de gerar negócios.

– Gostaria de ter informações sobre onde estabelecer contatos para abrir meu novo negócio.

Temos menos resistência em aceitar informação e, como resultado, a informação vem bem depressa, pois não há vibrações negativas impedindo-a de vir.

Uma das melhores técnicas para analisar algo é a que usei com a situação financeira de Greg. Mesmo depois de completar o processo dos Três Passos, ele ainda duvidava de que poderia obter o que desejava.

Pedi a Greg que simplesmente tomasse a iniciativa, ou seja, que pedisse e aceitasse qualquer informação relacionada ao seu desejo de ganhar mais dinheiro. Ele ficou imediatamente entusiasmado e disse: "Ah! isso é um ótimo começo! Posso conseguir informações sobre o que preciso fazer para atrair mais dinheiro. Era exatamente o que eu estava precisando. ISSO é uma coisa que posso fazer!"

Ferramenta 8: Faça sua própria Caixa de Atração

A Caixa de Atração é usada para colecionar coisas que representem o seu desejo: coisas que você recortou de revistas ou de jornais, folhetos de viagens que gostaria de fazer, ou até mesmo cartões de visita de pessoas com quem gostaria de trabalhar.

Sua Caixa de Atração pode ser qualquer tipo de recipiente, simples como uma caixa de sapatos ou elaborado como um baú do tesouro.

Cada vez que puser alguma coisa na sua Caixa de Atração, o que você está efetivamente fazendo, no plano "vibracional", é proporcionar esperança, e a esperança é uma vibração positiva. Em vez de jogar fora catálogos e panfletos, dizendo coisas como "Não tenho dinheiro para isso" ou "Nunca vou poder ter um desses", você vai estar permitindo. Isso porque não cabe a você descobrir como ou quando o seu desejo vai se realizar. Apenas guarde-o na sua Caixa de Atração e deixe o resto por conta da Lei da Atração.

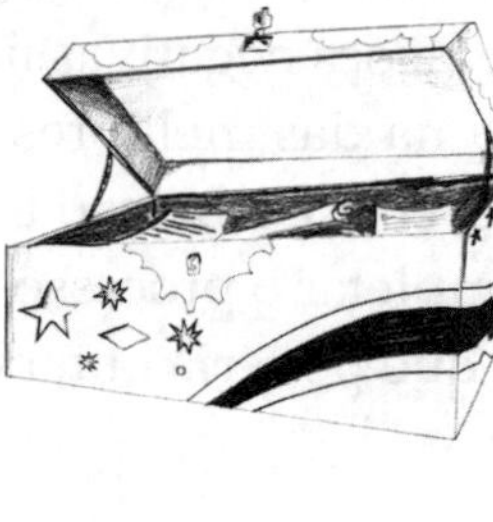

Ferramenta 9: Crie um vazio ou um vácuo

Um vazio ou um vácuo está sempre esperando para ser preenchido.

Por exemplo, digamos que você está procurando mais clientes. Abrindo espaço em seu arquivo para novos clientes, até colando etiquetas em algumas pastas vazias com as palavras "novo cliente", você estará fazendo duas coisas: afirmando a sua intenção de atrair novos clientes e criando um vazio a ser preenchido. Afirmações como "Estou esperando por novos clientes" ou "Só tenho uns poucos clientes" podem ser transformadas em "Tenho lugar e espaço para uma nova clientela". Percebe o tom otimista dessa frase? Não lhe parece melhor?

Alguns vazios podem ser criados intencionalmente. Você pode abrir a sua agenda, por exemplo, e acrescentar ao seu calendário: "Novo cliente aqui", "Novo encontro aqui", ou "Venda aqui". Com isso, você cria o vazio e a intenção de atrair essas coisas. Quando olhar para seu calendário, vai se lembrar da intenção de atrair o que você quer nos momentos marcados, dedicando, então, mais atenção, energia e concentração ao seu desejo.

O outro tipo de vazio não é intencional. É quando um cliente cancela uma reunião, por exemplo. Nesse caso, a maioria das pessoas se queixa e fica preocupada, perdendo muito tempo pensando no cancelamento e dando-lhe uma atenção negativa. Você pode alterar essa vibração dizendo "Acabei de criar um vazio para atrair um novo cliente" ou "Acabei de criar mais espaço para outro projeto em meus negócios".

E isso é Permitir!

Ferramenta 10: Permita que a Lei da Atração resolva tudo

Às vezes, pensar em seu desejo pode se tornar excessivamente irresistível e tudo o que você quer é que ele se realize. Não há necessidade disso, pois a Lei da Atração vai trazer os resultados até você.

Sempre que se pegar dizendo:

– Não sei como resolver isso.
– Não sei onde procurar.
– Não sei como conseguir essa informação.
– Não sei qual deveria ser meu próximo passo.
– Estou tendo dificuldade em encontrar isso.
– Não consigo resolver isso.

Pare! Diga a si mesmo: "Isso não é problema meu. Vou permitir que a Lei da Atração resolva tudo."

Essa lição foi de grande valia para minha cliente e amiga Andria. Quando Andria resolveu entrar para o mundo dos negócios, utilizou a Lei da Atração para atrair o negócio ideal. Usando o processo dos Três Passos, descobriu algo que a deixava efetivamente entusiasmada, pois permitia que fizesse compras todos os dias. Ela também usou a Lei da Atração para conseguir financiamento e a perfeita localização para sua loja de aluguel de roupas. A cada etapa, sempre que surgia alguma questão complicada e Andria se preocupava com detalhes, eu lhe dizia: "Isso não é problema seu. Deixe que a Lei da Atração resolva tudo."

Embora a Lei da Atração se encarregasse das questões importantes, Andria ainda tinha que tomar diversas providências. Por exemplo, quando descobriu o nome do banco perfeito, ainda precisava marcar uma hora com o gerente para conseguir financiamento para sua loja.

Chega, portanto, a hora em que você precisa agir. Ao deixar que a Lei da Atração resolva tudo, você começa a receber coisas relacionadas ao seu desejo e pode, então, decidir quando passar à ação.

Reflita por um instante...

A sua tarefa não é tentar solucionar as coisas intelectualmente, mas sim deixar que a Lei da Atração resolva tudo.

Encerrando o Terceiro Passo: Permitir (Receba)

Você completou o Terceiro Passo da Atração Consciente: Permitir.

Aqui está um resumo dos temas tratados neste capítulo:

- Permitir, o Terceiro Passo do Processo de Atração Consciente, é o mais importante de todos.
- Permitir é a ausência de dúvidas.
- A dúvida é uma vibração negativa.
- A vibração negativa de dúvida cancela (ou dilui) a vibração positiva de um desejo.
- Uma crença limitadora é um pensamento repetitivo.
- Quando você diz "Não posso porque...", está simplesmente revelando uma crença limitadora.
- Encontrar provas ajuda a eliminar a dúvida.
- Encontrar evidências de que outros têm ou fazem o que você quer ter ou fazer ajuda a eliminar as suas dúvidas.
- O objetivo das Ferramentas que Permitem é ajudá-lo a eliminar as dúvidas.

E não se esqueça também das Ferramentas que Permitem:

1. Celebre a evidência da prova.
2. Registre a prova da Lei da Atração.
3. Aprecie e seja grato.
4. Use a expressão "Estou em processo...".
5. Use a expressão "Decidi...".
6. Use a expressão "Muita coisa pode acontecer...".
7. Peça informação.
8. Faça sua própria Caixa de Atração.
9. Crie um Vazio ou um Vácuo.
10. Permita que a Lei da Atração resolva tudo.

Indo além da fórmula dos Três Passos

Viva com abundância e atraia mais dinheiro

Até agora, você aprendeu que todos os sentimentos geram vibrações, sejam elas positivas ou negativas. A abundância é um sentimento, o que é uma BOA NOTÍCIA. Por quê? Porque todos os sentimentos podem ser duplicados! A abundância é um sentimento e, como todo sentimento, tem uma vibração correspondente que você pode duplicar. Em muitos casos, as pessoas estão duplicando os sentimentos de falta, tristeza ou desesperança, simplesmente por meio dos pensamentos que têm e das palavras que usam. Já que você pode gerar sentimentos a partir de suas palavras e de seus pensamentos, você pode aprender a duplicar os sentimentos de abundância de uma forma mais intencional, alterando o seu jeito de usar as palavras e de pensar.

A Lei da Atração não sabe se determinado sentimento está sendo gerado porque você está lembrando, fingindo, criando, visualizando ou sonhando acordado. Ela simplesmente responde à nossa vibração do momento, e só podemos emitir uma vibração de cada vez! Ao criar a vibração da abundância de forma mais consciente, e com mais frequência, nós a estaremos incluindo em nosso Campo Vibracional e, portanto, aumentando a abundância em nossa vida.

Reflita por um instante...

A abundância é um sentimento. Aja de forma mais consciente para incluir o sentimento da abundância em sua vibração atual, em seu Campo Vibracional.

O seu objetivo é incluir a vibração da abundância em seu Campo Vibracional com a maior frequência e pelo maior tempo possíveis. A boa notícia é que se pode facilmente duplicar a vibração de abundância. Você pode estar cercado pela abundância em sua vida cotidiana e não ter reparado nisso, celebrado isso ou falado a esse respeito, portanto, não ter incluído essa vibração em seu Campo Vibracional.

Faça uma lista de todas as fontes de onde dinheiro e abundância podem vir. A maioria das pessoas responde a pergunta "Como é possível conseguir mais dinheiro?" dizendo que se pode trabalhar mais para ganhar mais, ou arranjar um emprego extra para ganhar mais dinheiro. Para essas pessoas, acreditar que essa é a única forma de aumentar sua abundância constitui uma crença limitadora. Na verdade, existem muitas outras maneiras pelas quais a abundância se manifesta em sua vida.

A seguir, você vai encontrar uma lista de situações em que a abundância está se manifestando (e você pode acrescentar várias outras, fazendo sua própria lista). Em outras palavras, para a maioria das pessoas, vivenciar qualquer uma das experiências contidas nessa lista gera um sentimento de abundância.

Você pode notar também que, em muitos casos, o sentimento de abundância não está relacionado ao dinheiro.

- Alguém o convida para almoçar (ou jantar).
- Alguém lhe dá treinamento ou consultoria grátis.
- Você ganha presentes.
- Você ganha transporte ou alojamento gratuitos.
- Você ganha uma segunda xícara de café grátis.
- Alguém lhe dá um prêmio.
- Você compra algo com desconto ou numa liquidação.
- Você pode usar milhagem aérea.
- Você ganha uma rifa.
- Você negocia ou troca algo com alguém.
- Você vende seus produtos ou serviços.
- (Acrescente outras fontes que lhe ocorrerem.)

Ferramentas para incluir a vibração da abundância em seu Campo Vibracional

Ferramenta 1: Registre as evidências de sua abundância

Mantenha um registro diário de todas as fontes que estão lhe proporcionando abundância. Isso vai ajudá-lo de forma significativa a perceber a abundância em sua vida. Manter esse registro diário lhe mostra a evidência concreta (prova) de que a abundância existe EFETIVAMENTE e JÁ está presente em sua vida. Celebre isso! Quando você perceber a abundância, celebre essa evidência em sua vida — e, ao celebrar, saiba que está emitindo a vibração positiva da abundância. Lembre-se de que a todo instante, inclusive neste exato momento, a Lei da Atração está respondendo à vibração que você emite e lhe dando mais dessa mesma coisa. Manter esse registro vai encorajá-lo a dedicar mais tempo à celebração de sua abundância, incluindo essa vibração com mais frequência em seu Campo Vibracional.

Eis um exemplo de anotação que pode ser feita no seu registro diário de abundância.

Eu vivo com abundância. Hoje atraí abundância quando:

– Um amigo pagou o meu almoço.
– Durante o almoço, recebi meia hora de consultoria grátis.
– Tive transporte grátis de ida e volta para o aeroporto.
– Recebi um cheque de um cliente.
– Recebi um e-mail de agradecimento.
– Consegui um desconto nos meus óculos novos.

Mantenha o seu próprio registro diário. Faça esse exercício durante os próximos sete dias e vai se ver dizendo: "Quanta abundância! Atraí evidências de abundância todos os dias dessa semana." Ou: "Quanta abundância! Atraí uma fortuna em consultoria gratuita nos últimos sete dias." O ideal seria que você continuasse a fazer isso mesmo depois dos sete dias.

Emita de forma mais consciente a vibração de abundância e a Lei da Atração lhe dará mais da mesma coisa.

Ferramenta 2: Sempre diga sim ao dinheiro

Muitas pessoas têm dificuldade em dizer sim quando alguém se oferece para pagar o seu almoço, lhe comprar um presente ou tenta simplesmente lhe dar dinheiro. Nessas circunstâncias, muita gente diz: "Não, tudo bem. Não precisa fazer isso." Ou: "Ah, não. Eu mesmo pago. Você não tem nada que pagar o meu almoço." Ou ainda: "Ah, não. Eu não poderia aceitar!" Você é assim, ou algum conhecido seu é assim?

Em todas essas frases você pode perceber a resistência em aceitar dinheiro. O novo você, porém, vai aprender a dizer: "Obrigado. Seria ótimo" e vai começar a se sentir bem fazendo isso. No início, talvez você se sinta constrangido, mas se continuar a dizer sim, isso vai ficar mais fácil com o tempo e você vai perceber a sua resistência desaparecendo. Essa atitude vai ampliar cada vez mais a sua capacidade de Permitir mais dinheiro. Comece a dizer sim ao dinheiro hoje mesmo!

Ferramenta 3: Segure esse cheque

Quer aumentar a sua vibração em termos de ganhar mais dinheiro? Então, segure os cheques que você receber por mais algum tempo.

Em vez de descontar um cheque no dia em que você o recebe, guarde-o, pois, se olhar para ele por um dia ou mais, você vai gerar mais valor "vibracional". Cada vez que você vir esse cheque vai sentir um pouco de entusiasmo, e esse sentimento vai ser transmitido à Lei da Atração. Lembre-se de que, cada vez que sentir esse entusiasmo, você estará incluindo a vibração correspondente em seu Campo Vibracional. Quando perceber que alguma coisa relativa a dinheiro o deixa entusiasmado, faça essa coisa repetidamente. A Lei da Atração está sempre respondendo.

Encerrando este tópico: Viver com abundância e atrair mais dinheiro

Aqui está um resumo dos temas tratados neste capítulo:

- A abundância é um sentimento.
- Inclua conscientemente o sentimento da abundância em sua vibração atual.
- Tome consciência das diferentes fontes de abundância.
- Registrar as evidências da abundância aumenta a sua atenção com relação à vibração da abundância.
- Cabe a você incluir a vibração da abundância o mais frequentemente possível em seu Campo Vibracional.
- Celebre o momento em que notar que está atraindo algo abundante.

E não se esqueça das três ferramentas que ajudam você a atrair abundância de forma mais consciente:

- Registre as evidências de sua abundância.
- Sempre diga sim ao dinheiro.
- Segure esse cheque.

Relacionamentos e a sua Vibração

Já reparou que, às vezes, quando conhece alguém, em segundos você já está dizendo consigo mesmo "Não gosto da energia dessa pessoa"? Outras vezes, conhece alguém e sente que vocês vão se entender muito bem pois, em segundos, você se pega dizendo "Decididamente gosto da energia dessa pessoa". Esse tipo de experiência mostra que você já esteve captando a energia ou as vibrações dos outros.

Se tivéssemos de medir a sua vibração numa escala de 1 a 100, 100 representando a vibração mais alta, e 1, a mais baixa, onde você a situaria?

Imagine o painel de um rádio indo da estação "0" à estação "100". Todas as estações entre 0 e 50 têm programação negativa e todas as que ficam entre 50 e 100 têm programação positiva.

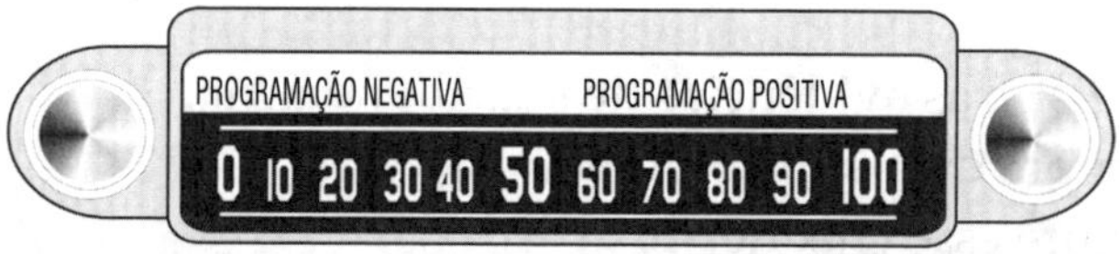

Suas vibrações são como as das frequências do rádio. Quando você está se sentindo realmente bem e tudo está funcionando, as coisas acontecem com facilidade e todos em sua vida são positivos. Poderíamos dizer que a sua vibração está tão elevada quanto a estação 98.5 no painel do rádio.

Como saber quando você está no nível 98.5? Você pode saber disso pelo modo como está se sentindo. Por esse diagrama e pelo modo como se sente, você pode saber quando a sua vibração está alta, o que significa que há muito pouca ou nenhuma vibração negativa ao seu redor. Quando há pouca ou nenhuma vibração negativa ao seu redor, você consegue as coisas muito mais rapidamente. Começa a atrair relacionamentos que tenham uma vibração semelhante. Alguns de vocês podem também notar que, quando estão movendo o botão do rádio (aumentando sua vibração), começam a atrair, em todas as áreas da sua vida, pessoas que pensam como você e que têm o mesmo tipo de vibração.

Por outro lado, muitos de vocês também podem estar familiarizados com a frase "Negatividade gera negatividade". Muitos de nós temos, em nossa vida, pessoas que não estão na estação 98.5 no mesmo momento que nós. Lembre-se de alguma época de sua vida em que sua vibração estivesse alta. Você vem tendo boas experiências, uma atrás da outra, e adora tudo que acontece em sua vida. De repente, o telefone toca. Você olha para o identificador de chamadas e vê que é alguém cuja vibração é muito mais baixa do que a sua. Na verdade, a simples visão desse nome já faz baixar a sua própria vibração. Vamos chamar essa pessoa de "Maria Negativa".

A "Maria Negativa"

Algumas pessoas podem se perguntar: "Por que sempre atraio uma 'Maria Negativa' se a minha vibração é tão alta?" A resposta é simples: você não a atrai necessariamente por vontade própria. A "Maria Negativa" de sua vida pode ser, por exemplo, seu companheiro, um colega de trabalho ou de turma, seu filho, seu pai ou sua mãe, um vizinho.

Digamos, por exemplo, que a vibração dessa "Maria Negativa" seja consideravelmente baixa, na faixa da estação 30.1, ao passo que a sua está na 98.5. Olhando para o rádio da ilustração abaixo, você pode ver a distância que existe entre a sua vibração e a da "Maria Negativa". Essa distância entre sua vibração e a de outra pessoa é igual à quantidade de resistência (negatividade) que você sente quando está com ela (ou fala com ela).

No passado, você pode ter dito: "Nossa! A 'Maria Negativa' me põe para baixo." Na verdade, a "Maria Negativa" não põe você para baixo. Você é que baixou a sua faixa no rádio (vibração) para se harmonizar com a dela.

Reflita por um instante...

A distância entre a sua vibração e a de outra pessoa é igual à quantidade de resistência (negatividade) que você sente quando está com ela.

Como manter a sua vibração positiva

O que você pode fazer, no futuro, para manter sua vibração na faixa de 98.5 quando estiver falando com pessoas de vibração muito mais baixa? Do mesmo jeito como escolhe uma estação (ou vibração) no rádio do seu carro, você também pode ter uma vibração alta e permanecer nela, apesar de ter uma "Maria Negativa" em sua vida. Veja como fazer isso.

Da próxima vez que a sua "Maria Negativa" ligar e começar a falar das tristezas da vida ou dizer que não gosta do trabalho que faz, se queixar de que não tem dinheiro suficiente ou um relacionamento satisfatório, você tem duas opções:

Opção 1: *Embarcar nessa conversa e, com isso, baixar sua vibração para se harmonizar com a dela...*

ou

Opção 2: *Quando você a ouvir dizer tudo o que ela não quer, pode simplesmente lhe perguntar: "Então, o que você realmente quer?"*

Lembre-se de que, quando uma "Maria Negativa" passar do que ela não quer para o que ela quer, suas palavras vão mudar, e, quando suas palavras mudarem, sua vibração também mudará. Assim, ela vai emitir uma nova vibração mais alta. Quando a vibração dela aumenta, fica mais perto de se harmonizar com a sua, e quanto mais próxima ela estiver da sua, mais harmoniosas as duas vão se tornar.

Agora você compreende que, quando conhece alguém e se entende bem com essa pessoa, dizendo consigo mesmo "Parece até que já nos conhecemos. Teve uma química tão legal entre nós...", você está efetivamente dizendo que a vibração de vocês dois estão em harmonia. Quando conhece alguém e, antes mesmo de saber como essa pessoa se chama, você se pega dizendo "Nossa! Não gosto da energia dela. Não é o tipo de gente que me agrada", isso indica que a vibração de vocês dois não está em harmonia.

A sua tarefa é, portanto, cuidar de sua vibração e fazer com que as conversas que tem com as pessoas sejam mais otimistas e positivas. E você pode fazer isso lembrando de perguntar, delicadamente, "Então, o que você realmente quer?", ajudando, assim, as outras pessoas a conseguirem uma vibração mais positiva e, portanto, mais elevada.

Atraindo seu relacionamento ideal

Vou usar aqui o termo "relacionamento" para me referir a diversos tipos de relações — pode ser com o seu companheiro ideal, ou relações comerciais, ou ainda a relação com seus filhos, pais, vizinhos, colegas de trabalho, alunos ou clientes.

Vamos começar utilizando a fórmula dos Três Passos da Lei da Atração para aprender como atrair o seu relacionamento ideal.

Saber o que você não gostava num(a) ex-companheiro(a) ou ex-namorado(a) é muito útil. Você pode usar essa informação para ajudá-lo(a) a ter Clareza quanto ao tipo de companheiro(a) que quer. Se, por exemplo, você não quer alguém que trabalhe demais, o que você quer? Se não quer alguém que não goste de aventuras, o que você quer? Se não quer alguém que não se interesse por dançar, que não seja romântico, que não seja um bom ouvinte etc., o que você quer?

Compreender o que você não quer vai ajudá-lo a gerar mais Clareza quanto ao que você quer, e essa Clareza vai se tornar o seu novo desejo! A maneira mais fácil de fazer isso é perguntar a si mesmo: "Então, o que eu realmente quero?" Parece bem simples, e é mesmo! Quando você muda o foco de sua observação do que você não quer para o que você quer, a vibração muda. Quando você muda sua vibração, os resultados vão mudar! Perceba também como você se sente quando vê alguma coisa com Clareza. É ótimo podermos dizer: "Ah! Isso é exatamente o que eu gostaria de ter!" Essa nova Clareza agora se tornou o seu desejo e este é o primeiro passo para a manifestação de seu relacionamento ideal.

Se você não estiver efetivamente emitindo a vibração que gostaria, então a Lei da Atração não pode responder a ela. Em outras palavras, você está dizendo que quer ESSE tipo de pessoa, mas está emitindo uma vibração diferente do seu desejo. Uma maneira de verificar que vibração você está emitindo é observar o que você tem realmente recebido em sua vida. Isso sempre vai corresponder perfeitamente ao que quer que você esteja emitindo em termos "vibracionais".

A maioria das pessoas, embora em processo para atrair seu relacionamento ideal, passa muito tempo reparando que NÃO tem conseguido atrair exatamente o que deseja. Isso faz com que essas pessoas emitam a vibração da falta (uma vibração negativa). Pare de reparar no que você NÃO está atraindo e vai parar de dedicar atenção, energia e concentração ao que você não quer. Sua tarefa é olhar para as partes de um relacionamento ou as características de um encontro que estão em harmonia com a sua lista do desejo e dar atenção a elas! Sua vibração vai mudar e a Lei da Atração vai lhe dar mais da mesma coisa!

Reflita por um instante...

A Oposição que você tiver vivenciado no passado será útil para o seu futuro.

Sugestões para atrair seu relacionamento ideal

Sugestão 1: Não diga a ninguém que o seu encontro foi um fiasco!

Não saia mandando e-mails para seus amigos! Não converse a respeito com as amigas! Não escreva sobre isso em seu diário! Lembre que a Lei da Atração não sabe se você está lembrando de algo, se queixando dessa coisa ou se preocupando com isso. A Lei da Atração vai simplesmente lhe dar mais daquilo a que você estiver dedicando sua atenção, seja lá o que for!

Sugestão 2: Faça a sua lista de Oposições

Ao chegar em casa, depois desse encontro, faça uma lista de tudo o que você não gostou nessa experiência, e converta cada item de oposição em outra coisa que você efetivamente deseje.

Sugestão 3: Parta para outra... se as coisas não correram bem

Se as coisas não correram bem no primeiro encontro, não devem melhorar com o tempo. Então, simplesmente, siga em frente: parta para outra e, a cada novo encontro, vá acrescentando observações à sua lista de Oposições.

Sugestão 4: Diga o que se harmoniza com o seu desejo

Passe algum tempo falando sobre o que se harmoniza com o seu desejo, escrevendo sobre isso, sonhando acordado com isso. Dedique, ao que lhe agrada, mais atenção, energia e concentração.

Encerrando este tópico: Relacionamentos e sua Vibração

Aqui está um resumo dos temas tratados nesta parte:

- A todo instante, você está emitindo uma vibração, seja ela negativa ou positiva.
- Quando sua vibração é alta e a de outra pessoa é mais baixa que a sua, você sente resistência (vibração negativa).
- Para ajudá-lo a manter uma vibração alta quando está lidando com pessoas cuja vibração é mais baixa, pergunte a elas "Então, o que você realmente quer?" sempre que estiverem se queixando ou falando do que não querem.
- Use o processo de Atração Consciente para atrair seu relacionamento ideal.

E não se esqueça das quatro sugestões para atrair seu relacionamento ideal:

- Não diga a ninguém que o seu encontro foi um fiasco!
- Faça a sua lista de Oposições.
- Parta para outra... se as coisas não correram bem.
- Diga o que se harmoniza com o seu desejo.

Pais e professores: aprendam como ensinar a Lei da Atração às crianças

Imagine ter todos em casa ou na sala de aula praticando a Lei da Atração. Esta parte é dedicada a lhe fornecer informações, ferramentas e jogos divertidos que vão ajudá-lo a ensinar a mensagem da Lei da Atração às crianças de um jeito fácil.

No ensino de adultos, é comum usarmos palavras como "manifestação", "vibrações", "sincronicidade", "coincidência". Quando se ensina a Lei da Atração às crianças, é importante falar com elas no seu nível, utilizando palavras que elas compreendam.

Três sugestões para ensinar a Lei da Atração às crianças

Sugestão 1: Mantenha uma linguagem simples! Em vez de usar a palavra vibração, use, por exemplo, bom humor ou mau humor.

Recentemente, quando me pediram para falar para uma turma de crianças de dez anos, decidi começar minha apresentação usando uma palavra que elas compreendessem. Minha pergunta foi: "Vocês podem me dar exemplos de situações em que vocês ou outra pessoa que conheçam fiquem de mau humor?" Logo os alunos levantaram a mão. Eis alguns dos exemplos que me deram:

– Quando minha mãe não toma o seu café, fica com mau humor.

– Quando meus pais brigam, ficam de mau humor.

– Quando o recreio termina, fico de mau humor.

– Quando o valentão do colégio me enche a paciência durante o dia, fico de mau humor.

É claro que essas crianças sabiam exatamente o que era mau humor e concordavam que, estar perto de gente com mau humor ou ficarem de mau humor, não era uma sensação nada agradável.

Sugestão 2: Faça as crianças assimilarem ou adotarem um novo conceito pedindo-lhes que respondam a perguntas relacionadas à sua própria experiência.

Em seguida, usei um desenho de um interruptor de luz no quadro-negro, mostrando as posições "ligado" e "desligado". "Ligado" significava que você tinha uma vibração positiva e "Desligado", que você tinha desligado a sua vibração positiva, substituindo-a por uma negativa. Depois que todos os alunos concordaram que é melhor ter uma vibração positiva do que uma negativa, perguntei se queriam aprender a trocar sua vibração negativa por uma positiva. Todos disseram que sim, entusiasmados.

Pedi então que escrevessem no caderno a palavra NÃO, em letras maiúsculas, e expliquei que, quando usamos essa palavra temos um sentimento negativo. Pedi que me dessem exemplos do uso dessa palavra em suas vidas. E eles tinham uma lista considerável para me fornecer. Eis aqui alguns exemplos:

– Não quero fazer o dever quando chegar em casa.
– Não vou à festa sozinho.
– Não quero ir ao dentista hoje.
– Não vou jogar na zaga.
– Não quero que ela me ache bobo.
– Não quero que ele me ache feia.
– Não vou ficar em casa no fim de semana.

Depois de fazer uma lista com todos os exemplos no quadro, sugeri que lêssemos todas aquelas frases em voz alta. Todos concordaram que, só de dizer aquilo em voz alta, já estavam de mau humor. Em outras palavras, provei a questão e todos concordaram. Ao fazer isso, trouxe à tona o problema e, a seguir, lhes apresentei uma solução.

Sugestão 3: Crianças adoram um segredo

Mais uma vez escolhendo as palavras com cuidado, disse àqueles alunos que ia lhes ensinar um jeito "secreto" de passar o botão do interruptor da posição "Desligado" (vibração negativa) para a posição "Ligado" (vibração positiva). Escolhi intencionalmente a palavra "secreto" porque sabia que eles iam encarar aquilo como alguma coisa especial e iam querer se lembrar dela. Eles adoraram quando eu lhes disse que esse "segredo" era uma coisa que poucos adultos conheciam, e que, com ele, poderiam transformar qualquer vibração negativa em positiva.

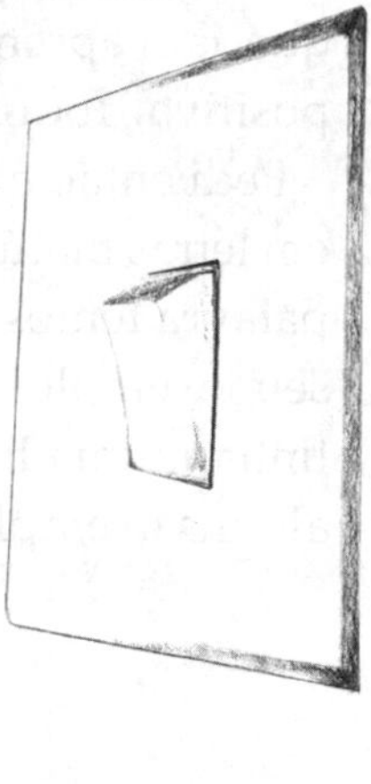

Eles aprenderam, então, que o segredo para trocar de vibração era fazer a si próprios uma pergunta bem simples. Cada vez que se ouvissem dizendo

NÃO, teriam que perguntar: "Então, o que quero?" Retomando a lista das frases que estavam no quadro, chegamos a uma outra lista, a do "Então, o que eu realmente quero?". E todos ficaram ansiosos para dizer como tinham respondido à pergunta "secreta".

NÃO	"Então, o que eu realmente quero?"
– Não quero fazer o dever quando chegar em casa.	– Quero ver um pouco de TV antes de fazer o dever de casa.
– Não vou à festa sozinho.	– Vou à festa com meus amigos.
– Não quero ir ao dentista hoje.	– Vou ao dentista amanhã.
– Não vou jogar na zaga.	– Vou ser o atacante do time.
– Não quero que ela me ache bobo.	– Quero que ela me ache legal.
– Não quero que ele me ache feia.	– Quero que ele me ache bonita.
– Não vou ficar em casa no fim de semana.	– Vou viajar com meus amigos no fim de semana.

Quando repassamos esta lista, todos os alunos concordaram que dizer o que eles efetivamente queriam era muito melhor do que dizer o que não queriam.

Graças à aplicação das sugestões 1, 2 e 3, esses alunos compreenderam perfeitamente a noção de transformação de suas vibrações negativas em positivas. Com facilidade e bem depressa!

Eu sabia que eles voltariam para casa entusiasmados, loucos para contar aos pais e aos amigos o que tinham aprendido. Então, lembrei a eles mais uma vez que aquilo era um segredo e, para que esse segredo continuasse sendo bem especial, eles tinham que contá-lo aos outros com bastante cuidado. Ou seja, da próxima vez que seus pais, irmãos ou amigos usassem a palavra NÃO, eles poderiam fazer a pergunta secreta "Então, o que você realmente quer?", mas de uma forma delicada.

Ferramentas para ensinar a Lei da Atração às crianças

Ferramenta 1: Jogo do quadro magnético

Um jogo bem fácil que pode ser jogado em família ou num pequeno grupo de crianças é o "Jogo do quadro magnético do Não". Prepare um quadro imantado (ou coisa semelhante) escrevendo o nome de cada membro da família ou do grupo na parte superior. Utilizando ímãs divertidos, esse jogo tem por objetivo ganhar e manter a maior quantidade de ímãs debaixo do seu nome no fim de cada semana. Comece dando cinco ímãs para cada pessoa. Cada vez que um dos participantes ouvir alguém usando a palavra *não,* a pessoa que usou a palavra perde um de seus ímãs para aquela que percebeu. Escolha um prêmio para o vencedor da semana e faça o jogo continuar sendo divertido. Instale o quadro magnético numa localização bem central. No caso de uma família, o lugar ideal seria perto da mesa de jantar ou na porta da geladeira, onde todos podem vê-lo com frequência. É uma brincadeira divertida e, portanto, pais e professores podem jogar também!

Ferramenta 2: Pôster do interruptor ligado-desligado

Esse pôster vai ser um excelente auxílio visual para as crianças menores. Use-o para ajudá-los a entender a diferença entre sentir emoções ou vibrações positivas e negativas. Incluí a ilustração seguinte que poderá ser usada como guia.

Primeiro, junto com a criança, faça uma lista de palavras que representam emoções negativas e positivas. Peça à criança para ajudar você a pôr as palavras que descrevem emoções positivas do lado do "Ligado", e faça o mesmo com as palavras que descrevem emoções negativas, pondo--as do lado do "Desligado". Sempre que você, pai, mãe ou professor, notar que uma criança está expressando uma emoção, use o pôster e peça a ela que encontre essa emoção do lado do "Ligado" ou do "Desligado". Esse pôster vai ajudar a criança a reforçar o seu entendimento do que são vibrações negativas e positivas. Instale o pôster num lugar de destaque, onde se possa ter acesso a ele com facilidade.

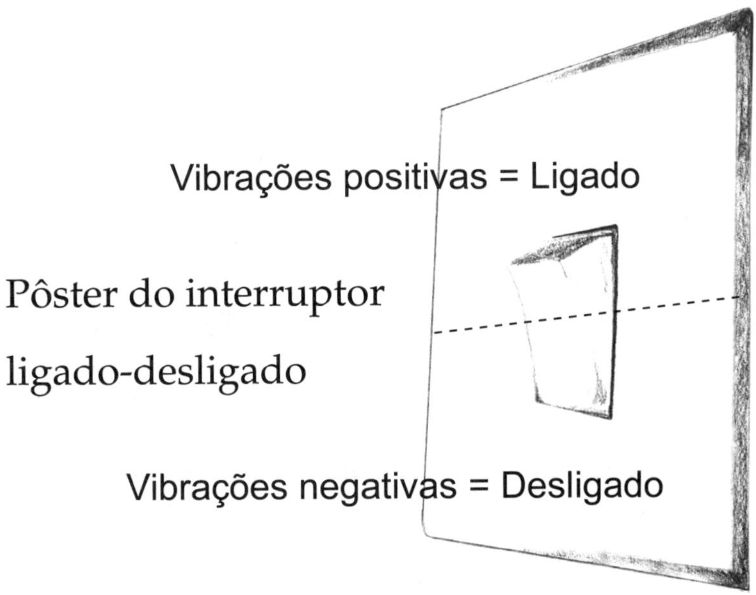

Ferramenta 3: Lembrete da pergunta secreta

O objetivo dessa ferramenta é ajudar as crianças a se lembrar da pergunta secreta sempre que usarem a palavra *não*. Utilizando uma fita adesiva larga, ou um broche, peça que seu filho ou seu aluno faça, com eles, uma etiqueta "Segredo". Agora a criança pode usá-la como ferramenta para se lembrar de perguntar a si mesma: "Então, o que eu realmente quero?"

Ferramenta 4: Encontro de família ou de grupo

Para as crianças mais velhas e os adolescentes, um encontro semanal pode ser uma boa maneira de aprender e compartilhar experiências sobre a Lei da Atração. Incluí uma lista de perguntas que podem ser incorporadas ao seu encontro.

– Você tem notado que reduziu o número de vezes em que usa a palavra *não*?
– Quando você se pegou dizendo *não*?
– A quem você ensinou a Lei da Atração esta semana?
– Que evidência você percebeu de que está atraindo mais aquilo que quer e menos o que não quer?
– O que mais gostaria de atrair esta semana?

Para continuar praticando a Lei da Atração entre um encontro e outro, é importante que todos tenham a permissão dos demais para ajudá-los perguntando "Então, o que você realmente quer?" Peça e dê permissão. "Vocês deixam que eu avise sempre que notar que estão dizendo *não*? Eu deixo vocês me avisarem sempre que notarem que estou dizendo essa palavra."

Encerrando este tópico: Ensinar a Lei da Atração às crianças

Aqui está um resumo dos temas tratados nesta parte:

- Expressões e palavras simples como "bom humor", "mau humor" e "segredo" (ou "secreto") são ferramentas poderosas para ensinar.
- Faça perguntas que levem as crianças a identificar conceitos a partir de sua própria experiência (assimilar).
- Use auxílio visual para as crianças menores (o pôster do interruptor).
- Reforce essas noções com jogos e prêmios.
- Pais, vocês têm que participar!
- Peça e dê permissão.
- Faça com que tudo seja divertido.

MANTENDO-SE CONECTADO COM A MENSAGEM DA LEI DA ATRAÇÃO

Apoio e recursos

Cercar-se de pessoas que praticam a Lei da Atração vai ajudá-lo a emitir uma vibração positiva, mas como encontrar essas pessoas? Um dos meios é utilizar o Processo da Atração Consciente. Use o poder da Lei da Atração para trazer para a sua vida pessoas que pensem como você.

E leia outros livros dedicados ao tema da Lei da Atração.

Referências e sugestões de leituras

Atkinson, William Walker. *Thought Vibration or the Law of Attraction in the Thought World.* Kessinger Publishing Company, 1998.

Hanson, Rebecca. *Law of Attraction for Business.* Rebecca Hanson Publisher, 2004.

Hill, Napoleon. *Pense e enriqueça.* Editora RCB, 1996.

Holliwell, Dr. Raymond. *Working with the Law.* DeVorss & Company, 2005.

Holmes, Ernest. *The Basic Ideas of Science of Mind.* DeVorss & Company, 1957.

Murphy, Dr. Joseph. *O poder do subconsciente.* Editora Nova Era, 2002.

Peale, Norman Vincent. *O poder do pensamento positivo.* Editora Cultrix, 2002.

Ponder, Catherine. *Leis dinâmicas da prosperidade.* Editora Ibrasa, 1987.

Tracy, Brian. *The Universal Laws of Success and Achievement*. Nightingale-Conant Corporation, 1991.

Wattles, Wallace. *Sucesso financeiro: a ciência de enriquecer*. Editora Record, 1976.

AGRADECIMENTOS ESPECIAIS

Fui altamente motivado e inspirado pelos trabalhos de Esther e Jerry Hicks. Sou profundamente grato a ambos por compartilharem seu conhecimento sobre a Lei da Atração com o mundo e comigo. Graças a isso, a minha vida é mais plena e mais rica.

Devo um caloroso e muito merecido agradecimento às seguintes pessoas: às dezenas de milhares que participaram de todos os meus seminários e programas de formação a distância; aos inúmeros e-mails que recebo contando as histórias de sucesso pessoal; às centenas de pessoas que telefonaram para falar comigo durante minhas diversas participações em programas de rádio. São VOCÊS que fazem a MINHA Lei da Atração funcionar!

E também a todos aqueles que estão comigo desde o início, me apoiando física, emocional e espiritualmente, o meu eterno amor.

SOBRE O AUTOR

Michael Losier escreve e ministra cursos sobre um assunto que conhece muito bem. Ao longo dos anos, Michael Losier reviu completamente sua vida. Embora afirmando que sempre teve uma vida feliz, tendo inclusive uma infância sem problemas e uma família que lhe dava apoio, Michael deixa bem claro que a descoberta e a aplicação da Lei da Atração foram responsáveis pelo novo patamar de sucesso e realização de que ele desfruta como autor, capacitador e empresário.

Michael Losier cresceu numa comunidade operária, em New Brunswick, Canadá. Como estudante de Programação Neurolinguística, uma técnica de transformação psicológica e comportamental, Losier e quatro colegas produziram uma bem-sucedida série de exposições anuais sobre saúde holística a partir de 1990. Em meados da década de 1990, Losier participou de programas de treinamento que fizeram dele um "orientador evolutivo" e, em 1995, obteve o seu certificado de profissional da Programação Neurolinguística. Por essa época, ele reduziu sua carga horária numa função pública para quatro dias por semana e começou a passar o quinto dia atendendo a seus clientes.

Ainda em 1995, Losier foi apresentado ao tema da Lei da Atração, que o levou a indagar por que nunca atraía nada negativo para sua vida. Decidiu, então, explorar Huna (o sistema metafísico havaiano), Feng Shui e outros assuntos relacionados à questão da energia. Concluiu que qualquer tópico precisava ser ensinado de tal forma que as pessoas pudessem apreendê-lo com facilidade. "Precisava ser algo de fácil acesso", lembra Losier.

Em 1996, Michael começou a participar de encontros semanais com outros entusiastas da Lei da Atração e, em pouco tempo, essa atividade tinha se transformado em reuniões quinzenais de 45 pessoas. Ele criou então a Teleclass International Inc. Os programas de formação a distância compreendem aulas de treinamento ao vivo e interativas, transmitidas por telefone com o auxílio de sistemas de teleconferência de ponta. Com isso, Losier atingia mais de 15.000 pessoas por ano.

Michael Losier é um homem apaixonado e engajado. É membro do corpo docente do Law of Attraction Training Center que treina estudantes para se tornarem profissionais diplomados da Lei da Atração. Michael passa centenas de horas por ano participando de programas de rádio e TV e também é frequentemente ***convidado*** para atuar como conferencista de honra em centros de bem-estar, centros espirituais, comerciais, empresas e convenções, nos Estados Unidos, no Canadá e no México.

Quando Michael conseguir o que pretende — coisa que faz frequentemente quando se trata de espalhar a mensagem da Lei da Atração —, milhões de pessoas estarão usando o seu poderoso sistema para melhorar a própria vida. Com isso, todos sairão ganhando sem dúvida alguma.

Quando não está lecionando, exercendo suas atividades de treinamento ou estudando, Michael gosta de fazer caminhadas pelas antigas florestas da costa Noroeste do Pacífico e de cuidar do seu jardim.

Em www.leyabrasil.com.br você tem acesso a novidades e conteúdo exclusivo. Visite o site e faça seu cadastro!

A LeYa Brasil também está presente em:

facebook.com/leyabrasil

@leyabrasil

instagram.com/editoraleyabrasil

LeYa Brasil

ESTE LIVRO FOI COMPOSTO EM PALATINO,
CORPO 11PT, PARA A EDITORA LEYA BRASIL